DISCIPLINA SIN LÁGRIMAS

DISCIPLINA SIN LÁGRIMAS

Daniel J. Siegel
y
Tina Payne Bryson

Traducción de Joan Soler Chic

Papel certificado por el Forest Stewardship Council®

Título original: *No-Drama Discipline*

Primera edición: enero de 2015
Octava reimpresión: octubre de 2019

© 2014, Mind Your Brain, Inc., y Bryson Creative Productions, Inc.
Publicado por acuerdo con Ballantine Books, un sello de Random House LLC.
© 2017, Penguin Random House Grupo Editorial, S. A. U.
Travessera de Gràcia, 47-49. 08021 Barcelona
© Joan Soler Chic, por la traducción

Printed in Spain – Impreso en España

ISBN: 978-84-666-5587-3
Depósito legal: B-23.050-2017

Impreso en Black Print CPI Ibérica
Sant Andreu de la Barca (Barcelona)

BS 5 5 8 7 3

Penguin
Random House
Grupo Editorial

A los jóvenes del mundo,
nuestros maestros en la vida (DJS).

A mis padres: mis primeros maestros
y mis primeros afectos (TPB).

Antes de leer este libro: una pregunta

Un cuenco sale disparado por la cocina y toda la pared queda salpicada de leche y cereales.

Entra el perro corriendo desde el jardín, inexplicablemente pintado de azul.

Uno de tus hijos amenaza a su hermana pequeña.

¿Qué haces?

Antes de que respondas, queremos pedirte que te olvides por completo de todo lo que sabes sobre disciplina. Olvídate del significado de la palabra misma, y también de lo que has oído sobre cómo han de reaccionar los padres cuando los niños hacen algo que no deben.

En vez de ello, plantéate la siguiente pregunta: ¿estás dispuesto al menos a considerar un enfoque distinto de la disciplina? ¿Aceptarás un punto de vista orientado a alcanzar tu objetivo inmediato —lograr que tus hijos hagan lo correcto en el momento adecuado—, amén de tu objetivo más a largo plazo —ayudarles a ser buenas personas, felices, prósperos, amables, responsables e incluso autodisciplinados?

En ese caso, este libro es para ti.

Introducción

Disciplina relacional, con poco drama: estímulo de la cooperación mientras se desarrolla el cerebro de un niño

No estás solo.

Si no sabes cómo actuar para que tus hijos discutan menos o hablen de forma más respetuosa..., si no sabes cómo impedir que tu niño pequeño trepe a la litera de arriba, o cómo conseguir que se vista antes de ir a abrir la puerta..., si estás harto de tener que usar una y otra vez la misma frase («¡Corre! ¡Que llegas tarde a clase!») o de librar otra batalla por la hora de acostarse, o por los deberes, o por ver demasiado la tele..., si has experimentado alguna de estas frustraciones, no estás solo.

De hecho, ni siquiera te sales de lo común. ¿Sabes lo que eres? Un padre. Un ser humano y un padre.

Es difícil saber imponer disciplina a los hijos. Es difícil y punto. La cosa suele ir así: ellos hacen algo que no deberían. Nosotros nos ponemos furiosos. Ellos se alteran. Hay lágrimas. (A veces las lágrimas son de los niños.)

Es agotador. Es exasperante. Todo el drama, los gritos, los sentimientos heridos, la pena, la desconexión.

Tras una interacción especialmente angustiosa con tus hijos, quizás alguna vez te hayas hecho estas preguntas: «¿No soy capaz de hacerlo mejor? ¿No puedo ser más hábil, ser un padre más efectivo? ¿Cómo impongo disciplina de manera que la situación se distienda en vez de que aumente el caos?» Quieres que cese la mala conducta, pero también deseas reaccionar de una forma que valore y potencie la relación con tus hijos. Quieres construir una relación, no dañarla. Quieres que el enfrentamiento disminuya, no que aumente.

Puedes hacerlo.

De hecho, este es el principal mensaje del libro: *Realmente eres capaz de disciplinar con respeto y estímulo, pero también con límites claros y coherentes*. Puedes imponer disciplina de forma que privilegie la relación y el respeto, y relegue el enfrentamiento y el conflicto a un segundo término, y en el proceso, puedes fomentar un desarrollo que favorezca buenas aptitudes relacionales y mejore la capacidad de los niños para tomar decisiones acertadas, tener en cuenta a los demás y adoptar actitudes que los preparen para el éxito y la felicidad durante toda la vida.

Hemos hablado con miles de padres de todo el mundo, les hemos enseñado lo esencial acerca del cerebro y cómo afecta este a la relación con sus hijos, y hemos visto lo ávidos que están por aprender a abordar la conducta de los niños de una manera más respetuosa y efectiva. Los padres están cansados de chillar tanto, de ver malhumorados a sus hijos, de que estos sigan portándose mal. Saben qué clase de disciplina no quieren utilizar, pero no saben qué alternativa elegir. Quieren imponer disciplina de una manera amable y afectuosa, pero cuando se enfrentan a la tarea de conseguir que los hijos hagan lo que deben hacer, se sienten abrumados y hasta cansados. Quieren una disciplina que funcione y con la que se sientan a gusto.

En este libro te introduciremos en lo que denominamos el «enfoque del Cerebro Pleno, Sin Lágrimas» de la disciplina, en virtud del cual sugerimos principios y estrategias que eliminarán la mayor parte de los enfrentamientos y las emociones fuertes que suelen caracterizar la disciplina. Como consecuencia de ello, tu vida como padre será más fácil y la crianza de tus hijos acabará siendo más efectiva. Y lo más importante: en el cerebro de tus hijos se establecerán conexiones relacionadas con destrezas emocionales y sociales que les servirán ahora y a lo largo de toda su vida, al tiempo que fortalecerás la relación con ellos. Esperamos que descubras que los momentos en que se requiere disciplina son realmente algunos de los más importantes en la crianza de los hijos, precisamente las situaciones en que se presenta la oportunidad de moldear a nuestros hijos de forma más efectiva. Cuando surjan estos desafíos —y surgirán—, serás capaz de observarlos no solo como temidas situaciones de disciplina en las que predomina la ira, la frustración y el enfrentamiento, sino también como oportunidades para conectar con los niños y redirigirlos hacia conductas que les sean más útiles a ellos y a toda la familia.

Si eres educador, terapeuta o instructor responsable también del crecimiento y el bienestar de niños, descubrirás que estas técnicas funcionan igual de bien con tus alumnos, pacientes, clientes o equipos. Recientes descubrimientos sobre el cerebro nos brindan profundas percepciones sobre los niños que cuidamos, lo que necesitan y cómo imponerles disciplina de tal modo que se favorezca un desarrollo óptimo. Hemos escrito este libro para todo aquel que se ocupe de un niño y esté interesado en estrategias afectuosas, con base científica, efectivas, que ayuden a los pequeños a desarrollarse bien. A lo largo del texto usaremos la palabra «padre», pero si eres abuelo, profesor o cualquier otra persona importante en la vida del niño, este libro también es para ti. Nuestra vida es más valiosa en colaboración, y esta unión puede comenzar con los muchos adultos que cooperan en la crianza de un niño a partir de sus primeros días de vida. Esperamos que todos los niños tengan en su vida muchos cuidadores preocupados por su interacción con ellos y, cuando sea preciso, los disciplinen de manera que se creen destrezas y se intensifique la relación.

Reivindicación de la palabra «disciplina»

Empecemos con el verdadero propósito de la disciplina. Cuando tu hijo se porta mal, ¿qué quieres conseguir? ¿Tu objetivo fundamental son los «correctivos educativos»? En otras palabras, ¿la meta es castigar?

Claro que no. Si estamos enfadados, quizá *sintamos* que queremos castigar a nuestro hijo. La irritación, la impaciencia, la frustración o simplemente la inseguridad pueden hacer que nos sintamos así. Es del todo comprensible e incluso habitual. Sin embargo, en cuanto nos hemos calmado y las aguas han vuelto a su cauce, sabemos que aplicar correctivos no es nuestro objetivo primordial.

Entonces, ¿qué queremos? ¿Cuál es el objetivo de la disciplina?

Bien, comencemos con una definición formal. La palabra «disciplina» procede directamente del latín *disciplina*, que se utilizaba en el siglo XI con referencia a enseñar, aprender y dar instrucciones. Así pues, desde sus inicios, «disciplina» ha estado relacionada con la enseñanza.

En la actualidad, la mayoría de las personas asocian a la práctica de la disciplina solo el castigo o los correctivos. Es el caso de la madre con un hijo de dieciocho meses, que preguntó a Dan lo siguiente: «A Sam le he enseñado muchas cosas, pero ¿cuándo empiezo a disciplinarlo?» La madre consideraba que necesitaba abordar el comportamiento de su hijo, y daba por supuesto que de la disciplina resultaba el castigo.

Mientras leas el libro, queremos que tengas presente lo que explicó Dan: que siempre que imponemos disciplina a los niños, el objetivo global no es castigar ni aplicar correctivos, sino enseñar. La raíz de «disciplina» es la palabra *discipulus*, que significa «alumno», «pupilo» y «educando». Un discípulo, aquel que recibe disciplina, no es un prisionero ni un destinatario de castigo, sino alguien que aprende a través de la instrucción. El castigo acaso interrumpa una conducta a corto plazo, pero la enseñanza ofrece capacidades para toda la vida.

Pensamos mucho en si queríamos incluir la palabra «disciplina» en el título. No teníamos claro cómo llamar a esta práctica de poner límites mientras estamos emocionalmente sintonizados con nuestros hijos, este enfoque centrado en enseñar y trabajar con ellos para ayudarles a adquirir las destrezas que les permitan tomar buenas decisiones. Por fin decidimos que queríamos reivindicar la palabra «disciplina» junto con su significado original. Queremos reformular por completo toda la discusión y diferenciar «disciplina» de «castigo».

En esencia, queremos que los cuidadores comiencen a considerar la disciplina como una de las aportaciones más afectuosas y educativas que podemos brindar a los niños. Los pequeños han de *aprender* múltiples destrezas, entre ellas inhibir sus impulsos, controlar los sentimientos de furia o tener en cuenta el impacto de su enfado en los otros. Deben adquirir estos requisitos de la vida y las relaciones, y si puedes procurárselos, estarás haciendo un importante regalo, no solo a tus hijos, sino a la familia entera e incluso al resto del mundo. En serio. No es una hipérbole. La Disciplina sin Lágrimas, tal como la describiremos en las próximas páginas, ayudará a tus hijos a ser las personas que se supone han de ser, aumentar su capacidad de autocontrol, respetar a los demás, tener relaciones intensas y vivir una vida ética y moral. Pensemos en el impacto generacional que se producirá cuando crezcan con estos regalos y capacidades, y cuando eduquen hijos propios, ¡que a continuación transmitirán estos mismos regalos a generaciones futuras!

Empezamos replanteando lo que significa realmente la disciplina, reivindicándola como un término que no tiene que ver con el castigo o el control, sino con la enseñanza y la adquisición de destrezas, y lo hacemos desde una postura de amor, respeto y conexión emocional.

EL DOBLE OBJETIVO DE LA
DISCIPLINA SIN LÁGRIMAS

La disciplina efectiva se propone dos objetivos principales. El primero es, evidentemente, lograr que los niños cooperen y hagan lo correcto. En un momento de acaloramiento, cuando el niño tira un juguete en pleno restaurante, se muestra maleducado o se niega a hacer los deberes, solo queremos que se comporte como se supone que debe hacerlo. Queremos que deje de lanzar el juguete. Queremos que se comunique con respeto. Queremos que haga sus deberes.

En el caso de un niño pequeño, alcanzar el primer objetivo, la cooperación, quizá suponga hacer que te coja de la mano al cruzar la calle, o ayudarle a dejar en su sitio la botella de aceite que está blandiendo como si fuera un bate de béisbol en el pasillo del supermercado. Para un niño más mayor, la cuestión tal vez consista en ayudarle a hacer sus tareas de una manera apropiada, o discutir con él cómo se sentirá su hermana tras escuchar la frase «cursi culo gordo».

Verás que lo repetimos una y otra vez a lo largo del libro: cada niño es diferente, y ningún enfoque ni estrategia parental es indefectible. No obstante, el objetivo más obvio en todas estas situaciones es suscitar cooperación y ayudar al niño a comportarse de forma aceptable (por ejemplo, utilizar palabras amables o dejar la ropa sucia en el cesto) y evitar las conductas que no lo sean (por ejemplo, dar golpes o tocar el chicle que alguien ha dejado pegado bajo la mesa de la biblioteca). Este es el objetivo a corto plazo de la disciplina.

Para muchas personas, se trata del único objetivo: conseguir la cooperación inmediata. Quieren que sus hijos dejen de hacer algo que no deben hacer y empiecen a hacer algo que sí han de hacer. Por eso solemos oír a los padres decir frases como «¡basta *ya*!» o el intemporal «¡porque lo digo yo!».

Sin embargo, en realidad queremos algo más que mera colaboración, ¿no? Queremos evitar que la cuchara del desayuno se convierta en un arma, desde luego. Queremos promover acciones amables y respetuosas y reducir los insultos y la beligerancia, por supuesto.

Pero hay una segunda finalidad igual de importante: mientras que conseguir cooperación es un objetivo a corto plazo, el segundo propósito tiene más largo alcance. Se centra en instruir a los niños con el fin de que desarrollen destrezas y la capacidad para dejar manejar con flexibilidad situaciones exigentes, frustraciones y tormentas emocionales que pueden hacerles perder el control. Se trata de habilidades internas que se pueden generalizar más allá de la conducta inmediata para usarlas no solo en el presente, sino también después, en muchas situaciones. Este segundo objetivo importante, interno, de la disciplina tiene que ver con ayudar a los niños a desarrollar el autocontrol y una brújula moral, de manera que, aunque las figuras de autoridad no estén presentes, sean cuidadosos y responsables. Guarda relación con ayudarles a crecer y llegar a ser personas consideradas y cabales capaces de tener relaciones satisfactorias y una vida llena.

Denominamos a esto «enfoque de Cerebro Pleno» de la disciplina porque, como explicaremos, cuando utilizamos la totalidad de nuestro cerebro como padres, podemos centrarnos tanto en las enseñanzas externas inmediatas como en las lecciones internas a largo plazo. Y cuando los niños reciben esta forma de enseñanza, también acaban usando el conjunto del cerebro.

A lo largo de las generaciones, han surgido innumerables teorías sobre cómo ayudar a los niños a «crecer bien». Estaba la escuela «la letra con sangre entra» y su contraria, la de la «tolerancia máxima». Sin embargo, en los últimos veinte años, durante lo que ha venido en llamarse «década del cerebro» y los años siguientes, los científicos han accedido a una inmensa cantidad de información sobre el funcionamiento cerebral, que puede aportar mucho sobre la disciplina afectuosa, respetuosa, coherente y efectiva.

En la actualidad sabemos que la mejor forma de ayudar a un niño a desarrollarse es contribuyendo a crear en su cerebro —su cerebro entero, global— conexiones que producirán aptitudes conducentes a mejores relaciones, mejor salud mental y una vida con más sentido. Podemos denominarlo «escultura cerebral», «nutrición cerebral» o «construcción cerebral». Con independencia de la expresión que escojamos, la cuestión es crucial a la par que emocionante: como consecuencia de las palabras que usemos y las acciones que realicemos, el cerebro del niño cambiará realmente, y se construirá, mientras pasa por experiencias nuevas.

«Disciplina efectiva» significa que no solo estamos interrumpiendo una mala conducta o favoreciendo otra buena, sino también enseñando habilidades y alimentando, en el cerebro de los niños, las conexiones que les ayudarán a tomar mejores decisiones y a desenvolverse bien en el futuro. De manera automática. Porque así es como se habrá estructurado su cerebro. Estamos ayudándoles a comprender qué significa gestionar sus emociones, controlar sus impulsos, tener en consideración los sentimientos de los demás, pensar en las consecuencias, tomar decisiones meditadas y mucho más. Estamos ayudándoles a desarrollar el cerebro y a volverse personas que sean mejores amigos, mejores hermanos, mejores hijos, mejores seres humanos. Y algún día, mejores padres.

Tenemos aquí un enorme dividendo: cuanto más ayudemos a construir el cerebro de nuestros hijos, menos nos costará alcanzar el objetivo a corto plazo de la cooperación. Alentar la cooperación y construir el cerebro: es el objetivo doble —interno y externo— que guía un enfoque de la disciplina afectuoso, efectivo, de Cerebro Pleno. ¡Es criar a nuestros hijos teniendo en cuenta las capacidades de su cerebro!

REALIZACIÓN DE NUESTROS OBJETIVOS:
DECIR «NO A LA CONDUCTA», PERO «SÍ AL NIÑO»

¿Cómo suelen lograr los padres sus objetivos de disciplina? Por lo general, mediante castigos y amenazas. Los niños se portan mal, y la reacción parental inmediata es aplicar correctivos sin detenerse ante nada.

Los niños actúan, los padres reaccionan, y luego los niños reaccionan a su vez. Enjuagar, enjabonar, repetir. Y para muchos padres —seguramente para la mayoría—, los castigos (junto con una buena dosis de gritos) son prácticamente la estrategia de disciplina que eligen por defecto: aislamientos, zurras, supresión de privilegios, prohibición de salir, etcétera. ¡No es de extrañar que haya tanto enfrentamiento! Pero, como explicaremos, es posible imponer disciplina de una manera que elimine muchas de las razones por las que de entrada aplicamos correctivos.

Y si ahondamos en el asunto, los castigos y las reacciones punitivas suelen ser realmente contraproducentes, no solo en lo referente a la construcción del cerebro, sino también cuando se trata de conseguir que los niños cooperen. Partiendo de nuestra experiencia clínica y personal, así como de los últimos avances científicos sobre el cerebro en desarrollo, cabe decir que aplicar correctivos de manera automática no es el mejor método para alcanzar los objetivos de disciplina.

¿Cuál es, pues, el mejor método? Este es el fundamento del enfoque de la Disciplina sin Lágrimas, que se reduce a una frase simple: *conectar y redirigir.*

CONECTAR Y REDIRIGIR

Recordemos que cada niño y cada situación parental son diferentes. Sin embargo, una constante en casi todos los encontronazos es que el primer paso de la disciplina efectiva consiste en conectar con nuestros hijos desde el punto de vista emocional. *La relación con nuestros hijos ha de ser clave en todo lo que hagamos.* Al margen de si jugamos, hablamos, reímos con ellos o —sí, también— les imponemos disciplina, queremos que experimenten en un nivel profundo la plena fuerza de nuestro amor y afecto, tanto si los felicitamos por un buen acto como si abordamos un mal comportamiento. «Conexión» significa que damos a nuestros hijos atención, que los respetamos lo suficiente para escucharles y que les transmitimos apoyo, nos guste o no su manera de comportarse.

Cuando imponemos disciplina, queremos unirnos estrechamente a nuestros niños para demostrarles lo mucho que les queremos. De hecho, cuando se portan mal es cuando más suelen necesitar la conexión con nosotros. Las respuestas disciplinarias han de cambiar en función de la edad, el temperamento y la fase de desarrollo del niño, así como del contexto. Sea como fuere, a lo largo de toda la interacción disciplinar la constante ha de ser la comunicación clara de la profunda conexión entre padres e hijos. La relación triunfa sobre cualquier conducta concreta.

No obstante, *«conexión» no equivale a «permisividad».* Conectar con los niños durante la imposición de disciplina no significa dejarles hacer lo que quieran. De hecho, es justo al contrario. Amar a nuestros hijos y darles lo que necesitan significa, en parte, proponerles límites claros y coherentes, que establezcan estructuras previsibles en su vida, así como transmitirles expectativas elevadas. Los niños precisan entender cómo funciona el mundo: lo que es aceptable y lo que no. Un conocimiento bien definido de las reglas y los límites les ayuda a llevar con éxito las relaciones y otras áreas de la vida. Si aprenden todo esto en la seguridad del hogar, serán más capaces de prosperar en entornos externos —escuela, trabajo, relaciones—, en los que deberán enfrentarse a numerosas expectativas de comportamiento adecuado. Nuestros hijos necesitan experiencias repetidas que les permitan establecer unas conexiones cerebrales gracias a las cuales puedan demorar gratificaciones, reprimir impulsos de reacción agresiva hacia otros y aceptar de buen grado la imposibilidad de hacer lo que les dé la gana. En realidad, la ausencia de límites y restricciones es muy estresante, y los niños estresados son más reactivos. Así pues, cuando decimos «no» y ponemos límites a los niños, les ayudamos a descubrir la previsibilidad y la seguridad en un mundo que, de lo contrario, sería caótico. Y construimos conexiones cerebrales que les permitirán afrontar dificultades en el futuro.

En otras palabras, *la conexión profunda, empática, puede y debe combinarse con límites claros y firmes que establezcan las estructuras necesarias en la vida del niño.* Aquí es donde aparece lo de «redirigir». Tan pronto como hemos conectado con nuestro hijo y le hemos ayudado a tranquilizarse para que pueda oírnos y entender del todo lo que estamos diciendo, podemos redirigirlo hacia una conducta más apropiada y ayudarle a encontrar un comportamiento mejor.

De todos modos, tengamos presente que la redirección casi nunca es efectiva si el niño tiene las emociones a tope; si está alterado y es incapaz de escucharnos, los correctivos y las lecciones son infructuosas. Es como intentar enseñar a un perro a sentarse mientras está peleándose con otro perro. Un perro inmerso en una pelea no se sentará. Sin embargo, si podemos ayudar al niño a calmarse, surgirá una receptividad que le permitirá entender lo que intentamos decirle, mucho más deprisa que si nos limitamos a castigarle o a soltarle un sermón.

Esto es lo que explicamos cuando la gente pregunta sobre

las exigencias de la conexión con los niños. Alguien podría decir lo siguiente: «Da la impresión de que es una manera afectuosa y respetuosa de imponer disciplina, y entiendo que ayudaría a mis hijos a largo plazo, y que incluso volvería la disciplina más fácil en el futuro. ¡Pero vamos, hombre! ¡Tengo un trabajo! ¡Y otros hijos! Y debo preparar la cena, y está el piano y el ballet, el deporte y cien cosas más. ¡Apenas llego a todo! ¿Cómo se supone que voy a encontrar el tiempo necesario para conectar y redirigir mientras impongo disciplina?»

Lo entendemos. En serio. Los dos trabajamos, nuestros cónyuges trabajan, y ambos somos padres comprometidos. No es fácil. Pero mientras practicábamos los principios y estrategias que analizamos en los capítulos siguientes, hemos descubierto que la Disciplina sin Lágrimas no es una especie de lujo al alcance solo de privilegiados con un montón de tiempo libre. (No estamos muy seguros de que exista este tipo de padre.) No es que el enfoque de Cerebro Pleno requiera que nos hagamos con toneladas de tiempo para discutir con los niños la forma correcta de hacer las cosas. De hecho, la Disciplina sin Lágrimas tiene que ver sobre todo con escoger situaciones corrientes, puntuales, y utilizarlas como oportunidades para establecer contacto con los niños y enseñarles lo que es importante. Puedes pensar que gritar «¡para ya!» o «¡deja de lloriquear!» sería más sencillo, rápido y efectivo que conectar con los sentimientos del niño. No obstante, como pronto explicaremos, prestar atención a las emociones del niño suele traducirse en más calma y cooperación, y lo logra más rápidamente que un arrebato parental dramático que intensifica todas las emociones circundantes.

Y aquí está lo mejor. Cuando evitamos añadir caos y enfrentamiento a las situaciones disciplinarias —en otras palabras, cuando combinamos límites claros y coherentes con la empatía afectuosa—, todos salen ganando. ¿Por qué? Para empezar, un enfoque de Cerebro Pleno, Sin Lágrimas, hace la vida más fácil tanto para los padres como para los hijos. En momentos de mucho estrés —por ejemplo, cuando el niño amenaza con tirar el mando de la tele al váter segundos antes del último episodio de la temporada de tu serie favorita—, puedes apelar a las capas superiores, racionales, de su cerebro en vez de activar la parte inferior, más reactiva. (En el capítulo 3 explicamos esta estrategia con detalle.) Como consecuencia de ello, eres capaz de evitar la mayor parte de los gritos, los lloros y el enfado que la disciplina suele provocar, por no hablar de que tienes el mando seco y a punto, y puedes sentarte a ver la serie mucho antes de que aparezca en la pantalla la primera escena.

Hay algo más importante: por decirlo de la manera más simple posible, conectar y redirigir ayuda a tus hijos a ser mejores personas, tanto durante la infancia como cuando vayan acercándose a la edad adulta. Desarrolla las destrezas internas que necesitarán durante toda la vida. Los niños no solo se trasladarán de un estado reactivo a un lugar receptivo donde puedan aprender de veras —esta es la parte externa, de cooperación—, sino que también se establecerán conexiones cerebrales que les permitirán convertirse progresivamente en personas capaces de controlarse, pensar en los otros, regular sus emociones y tomar decisiones acertadas. Estarás ayudándoles a construir una brújula interna en la que aprenderán a basarse. En vez de decirles simplemente lo que deben hacer y exigirles que cumplan tus exigencias, estarás procurándoles experiencias que fortalecerán sus funciones ejecutivas y desarrollarán habilidades relacionadas con la empatía, la percepción personal y la moral. Esta es la parte interna, de construcción del cerebro.

En este aspecto, las investigaciones son muy claras. Los niños con mejores resultados en la vida —desde el punto de vista emocional, relacional e incluso educativo— tienen progenitores que les educan con un alto grado de conexión y apoyo al tiempo que transmiten y mantienen límites claros y expectativas elevadas. Los padres permanecen consecuentes mientras siguen interaccionando con ellos de una manera que comunica amor, respeto y compasión. Gracias a ello, los niños son más felices, van mejor en la escuela, se meten menos en líos y disfrutan de relaciones más positivas.

No siempre serás capaz de imponer disciplina que conecte y redirija a la vez. Tampoco nosotros lo hacemos a la perfección con nuestros hijos. No obstante, cuanto más conectamos y redirigimos, menos enfrentamiento se produce cuando reaccionamos ante su mala actitud. Al contrario: aprenden más, crean mejores destrezas para relacionarse y resolver conflictos, y mantienen con nosotros una relación más sólida a medida que crecen y se desarrollan.

SOBRE EL LIBRO

En la creación de una estrategia disciplinaria, ¿qué implica mucha relación y poco drama? Es lo que explicaremos en el resto del libro. El capítulo 1, «RePENSAR la disciplina», plantea algunas cuestiones sobre lo que es la disciplina que te ayudarán a identificar y desarrollar tu propio enfoque disciplinar teniendo presentes estas estrategias Sin Lágrimas. El capítulo 2, «Tu cerebro bajo disciplina», analiza el cerebro en desarrollo y su papel en la disciplina. El capítulo 3, «De la rabieta a la tranquilidad», se centrará en el aspecto «conectivo» de la disciplina, subrayando la importancia de comunicar que amamos y aceptamos a nuestros hijos por ser quienes son, incluso en un momento disciplinario. Siguiendo con este tema, el capítulo 4 ofrece estrategias específicas y sugerencias para conectar con los niños a fin de que puedan tranquilizarse lo suficiente para escucharnos y aprender, con lo que tomarán mejores decisiones tanto a corto como a largo plazo.

Luego le llega el turno a «redirigir», asunto central del capítulo 5. Pondremos énfasis en ayudarte a recordar la definición de «disciplina» (enseñar), dos principios clave (esperar a que tu hijo esté preparado, y ser coherente pero no rígido), y tres resultados deseados (percepción, empatía y reparación). A continuación, el capítulo 6 se centra en estrategias de redirección específicas que puedes utilizar para alcanzar el objetivo inmediato de suscitar cooperación en el momento, y para instruir a los niños acerca de la percepción personal, la empatía relacional y los pasos necesarios para tomar buenas decisiones. El capítulo final del libro propone cuatro mensajes de esperanza orientados a quitarte de encima la presión mientras impones disciplina. Como explicaremos más adelante, cuando imponemos disciplina lo revolvemos todo. Somos humanos. No existe el «padre perfecto». Pero si modelamos la manera de lidiar con nuestros errores y luego reparar la relación, incluso nuestras imperfectas respuestas ante la mala conducta pueden ser valiosas y brindar a los niños oportunidades para enfrentarse a situaciones difíciles y, por consiguiente, desarrollar destrezas nuevas. (¡Uf!) La Disciplina sin Lágrimas no tiene que ver con la perfección. Tiene que ver con la conexión personal y la reparación de rupturas cuando inevitablemente se produzcan.

Verás que en la parte final del libro hemos incluido una sección de «Recursos adicionales». Esperamos que este material añadido amplíe tu experiencia de lectura y te ayude a poner en práctica las estrategias de «conexión y redirección». Al primer documento lo llamamos «Nota para la nevera sobre conectar y redirigir». Contiene los conceptos más esenciales del libro, presentados de tal forma que puedas recordar fácilmente los principios y estrategias fundamentales. Copia tranquilamente este papel y pégalo a la nevera, en el salpicadero del coche o en cualquier sitio donde pueda serte de utilidad.

Después viene una sección titulada «Cuando un experto en estilos parentales pierde los estribos», que cuenta historias de cuando nosotros, Dan y Tina, hemos perdido los papeles y tomado el camino parental fácil en vez de imponer disciplina con arreglo al enfoque Sin Lágrimas, de Cerebro Pleno. Al compartir estas historias contigo, solo queremos reconocer que nadie es perfecto y que todos cometemos errores con nuestros hijos. Esperamos que te rías con nosotros y que no nos juzgues con demasiada dureza.

A continuación hay una «Nota para nuestros cuidadores de niños». Estas páginas son solo lo que cabe esperar a raíz del título: una nota que puedes dar a las personas que cuidan de tus hijos, ya sean abuelos, canguros, amigos, etcétera. Esta nota incluye una sencilla y breve lista de los principios clave Sin Lágrimas. Es algo parecido a la nota para la nevera, pero está escrito para alguien que *no* ha leído *Disciplina sin Lágrimas*. Así no tendrás que pedir a tus parientes que compren y lean el libro entero (¡aunque nada te impide hacerlo, si quieres!).

Tras la nota a los cuidadores, verás una lista con el título de «Veinte errores de disciplina que cometen incluso los padres fantásticos». Se trata de otra serie de recordatorios para ayudarte a considerar detenidamente los principios y las cuestiones que planteamos a lo largo del libro. Por último, terminamos con un pasaje de nuestro anterior libro, *El cerebro del niño*. Tras leer el fragmento, tendrás una idea más clara de lo que queremos decir cuando hablamos de crianza de los hijos, o estilo parental, desde una perspectiva de Cerebro Pleno. No hace falta leer ese texto para entender lo que aquí exponemos, pero lo incluimos por si quieres ahondar en estas ideas y aprender otros conceptos y estrategias para contribuir al desarrollo del cerebro de tus hijos y guiarlos hacia la salud, la felicidad y la tolerancia.

El objetivo global del libro es transmitir un mensaje de esperanza que transforme el modo en que las personas entienden y ejercen la disciplina. Una de las partes habitualmente menos agradables del trabajo con niños —la disciplina— puede llegar a ser una de las más importantes, y no tiene por qué estar llena de reactividad y enfrentamiento constantes ni para ti ni para tu hijo. El mal comportamiento del niño puede transformarse en mejores conexiones tanto en tu relación con él como en su cerebro. Imponer disciplina desde una perspectiva de Cerebro Pleno te permitirá cambiar por completo el modo de pensar en las interacciones con tus hijos cuando se porten mal, y convertir estos momentos en oportunidades para crear destrezas que les ayudarán ahora y en la edad adulta, por no hablar de que la vida será más fácil y placentera para todos los componentes de la familia.

1

RePENSAR la disciplina

He aquí algunas declaraciones de padres con los que hemos trabajado. ¿Te suena de algo?

Todo esto resulta familiar, sin duda. Es el caso de muchos padres. Quieren controlar bien las cosas mientras sus hijos se

oponen a hacer lo correcto, pero muy a menudo terminan reaccionando sin más ante una situación en vez de actuar partiendo de un conjunto claro de principios y estrategias. Ponen el piloto automático y renuncian al control de sus decisiones parentales.

El piloto automático puede ser una gran herramienta cuando pilotas un avión. Es cuestión de darle al interruptor, reclinarse y relajarse, y dejar que el ordenador te lleve a donde está programado ir. Sin embargo, cuando se trata de imponer disciplina a los niños, no es tan buena idea poner el piloto preprogramado. Puede llevarnos a un amenazador banco de nubes, oscuro y tormentoso, lo que significa que padres e hijos por igual van a tener un viaje accidentado.

En lugar de ser reactivos, con los niños hemos de ser receptivos. Hemos de ser intencionales y tomar decisiones conscientes basadas en principios en los que hemos pensado y estado de acuerdo con antelación. Ser *intencional* significa tener en cuenta varias opciones y escoger luego la que conlleva un enfoque reflexivo sobre los resultados buscados. En el caso de la Disciplina sin Lágrimas, implica contemplar las consecuencias externas a corto plazo de las estructuras y los límites conductuales, y las consecuencias internas a largo plazo de la enseñanza de destrezas vitales.

Pongamos, por ejemplo, que tu hijo de cuatro años te pega. Quizás está enfadado porque le has dicho que antes de jugar al Lego con él debías terminar un correo electrónico, y él ha reaccionado dándote un golpe en la espalda. (Siempre sorprende que una persona tan pequeña pueda causar tanto dolor, ¿verdad?)

¿Qué haces? Si llevas puesto el piloto automático —esto es, si no utilizas ninguna filosofía específica sobre cómo afrontar el mal comportamiento—, quizá reacciones inmediatamente sin demasiada reflexión ni intención. Tal vez lo agarrarás, seguramente más fuerte de lo debido, y con los dientes apretados le dirás: «¡No, no se pega!» A continuación le aplicarás algún tipo de castigo, por ejemplo, mandarlo a su cuarto.

¿Es la peor reacción parental posible? No. Pero ¿podría ser mejor? Desde luego. *Lo que hace falta es tener claro qué quieres conseguir realmente cuando tu hijo se porta mal.*

Este es el objetivo general de este capítulo: ayudarte a comprender la importancia de actuar a partir de una filosofía intencional y tener una estrategia clara y coherente para responder a la mala conducta. Como hemos comentado en la introducción, el doble objetivo de la disciplina es favorecer una buena conducta externa a corto plazo y crear la estructura cerebral interna para una mejor conducta y mejores destrezas relacionales a largo plazo. Tengamos presente que, en última instancia, la disciplina tiene que ver con la enseñanza. Así pues, si aprietas los dientes, sueltas una norma con rabia y aplicas un castigo, ¿será eso eficaz para enseñar algo a tu hijo sobre la acción de golpear?

Bueno, sí y no. Acaso tenga el efecto a corto plazo de lograr que no te pegue. El miedo y el castigo pueden ser efectivos en el momento, pero a largo plazo no sirven de gran cosa. Además, ¿de verdad queremos usar el miedo, el castigo y el llanto como principales motivadores de nuestros hijos? Si así fuera, estaríamos enseñando que el poder y el control son los mejores instrumentos para conseguir que los demás hagan lo que queremos que hagan.

Por supuesto, es totalmente normal reaccionar sin más cuando estamos enojados, en especial si alguien nos causa dolor físico o emocional. No obstante, hay respuestas mejores, capaces de alcanzar el mismo objetivo a corto plazo —reducir la probabilidad de la conducta no deseada en el futuro— al tiempo que construyen destrezas. Así, en lugar de temer simplemente tu respuesta e inhibir un impulso en el futuro, tu hijo pasará por una experiencia de aprendizaje que crea una habilidad interna más allá de una simple asociación con el miedo. Y todo este aprendizaje puede producirse mientras reduces el enfrentamiento y refuerzas la conexión con el niño.

Hablemos de cómo puedes actuar para que por tu parte la disciplina sea menos una reacción que genera miedo y más una respuesta que crea destrezas.

LAS TRES PREGUNTAS: ¿POR QUÉ? ¿QUÉ? ¿CÓMO?

Antes de responder ante el mal comportamiento, dediquemos unos instantes a formularnos tres preguntas sencillas:

1. *¿Por qué mi hijo ha actuado así?* Como estamos enfadados, la respuesta podría ser «porque es un niño mimado» o «¡porque intenta exasperarme!». Sin embargo, si lo enfocamos con curiosidad y no con presuposiciones, analizando más a fondo lo que hay detrás de una conducta determinada, a menudo se pone de manifiesto que el niño estaba intentando expresar algo pero no lo hizo de la manera adecuada. Si entendemos esto, podemos responder con más eficacia... y compasión.

2. *¿Qué lección quiero enseñar en este momento?* También en este caso el objetivo de la disciplina es corregir una

conducta. Queremos impartir una lección: sobre el autocontrol, la importancia de compartir, la actuación responsable o lo que sea.

3. *¿Cuál es el mejor modo de enseñar esta lección?* Teniendo en cuenta la edad del niño y la fase de desarrollo, junto con el contexto (¿sabía él que el megáfono estaba encendido cuando lo llevó a la oreja del perro?), ¿cómo podemos comunicar con la máxima eficacia lo que queremos hacer entender? Muy a menudo reaccionamos ante la mala conducta como si el castigo fuera la finalidad de la disciplina. A veces, de la decisión del niño derivan ciertas consecuencias naturales, de forma que la lección se enseña sin que nosotros apenas intervengamos. Pero, por lo general, para ayudar a los niños a comprender lo que estamos tratando de comunicar hay maneras más efectivas y afectuosas que aplicar correctivos «de talla única».

Al formularnos estas tres preguntas —por qué, qué, cómo— cuando los niños hacen algo que no nos gusta podemos abandonar más fácilmente el modo «piloto automático». Lo cual significa que tendremos muchas más probabilidades de reaccionar de una manera efectiva para interrumpir la conducta a corto plazo al tiempo que enseñamos habilidades y lecciones vitales más importantes, duraderas, que construyen la personalidad y preparan a los niños para tomar buenas decisiones en el futuro.

Examinemos con más detalle cómo estas tres preguntas pueden ayudarte a responder al niño de cuatro años que te pega mientras estás escribiendo un correo electrónico. Cuando oyes el manotazo y notas la diminuta huella de dolor en la espalda, quizá tardes unos momentos en calmarte y evitar la reacción instantánea. No siempre resulta fácil, ¿verdad? De hecho, nuestro cerebro está programado para interpretar el dolor físico como una amenaza, lo cual activa los circuitos neurales que pueden volvernos más reactivos y ponernos en modo «pelea». De modo que, para mantener el control y la práctica de la Disciplina sin Lágrimas, se requiere cierto esfuerzo, a veces intenso. Cuando sucede esto, hemos de anular nuestro cerebro reactivo, el más primitivo. No es fácil. (A propósito, es mucho más difícil si estamos privados de sueño, tenemos hambre, nos sentimos abrumados o no hemos tenido muy en cuenta el cuidado personal.) Esta pausa entre lo reactivo y lo receptivo supone el comienzo de la elección, la intención y la habilidad como padre.

Por tanto, quieres hacer una pausa lo antes posible y formularte las tres preguntas. Entonces ves con mucha más claridad qué está pasando en la interacción con tu hijo. Cada situación es diferente y depende de numerosos factores, pero las respuestas a las preguntas serán algo así:

1. *¿Por qué mi hijo ha actuado así?* Te ha pegado porque quería tu atención y no la tenía. Suena bastante típico de un niño de cuatro años, ¿a que sí? ¿Deseable? No. ¿Lógico desde el punto de vista del desarrollo? Sin duda. A un niño de esta edad le cuesta esperar, y entonces afloran sentimientos fuertes, con lo que la cosa se complica aún más. Aún no ha madurado lo suficiente para tranquilizarse sistemáticamente de una manera lo bastante efectiva y rápida que evite la actuación. Te gustaría que se calmara él solo y declarara con serenidad: «Mamá, me fastidia que me pidas que espere, y ahora mismo siento un impulso fuerte y agresivo de pegarte, pero he decidido no hacerlo y, en vez de ello, usar mis palabras.» Pero esto no va a pasar. (Y si pasara, sería muy extraño.) En este momento, golpear es la estrategia por defecto que usa tu hijo para expresar sus profundos sentimientos de frustración e impaciencia; y necesita algún tiempo y cierta práctica de creación de destrezas para aprender a manejar tanto la demora de gratificaciones como la adecuada gestión del enfado. Te ha pegado por *esta razón*.

Esto parece mucho menos personal, ¿verdad? *Normalmente, nuestros hijos no la emprenden a golpes simplemente por ser groseros o porque nosotros seamos un fracaso como padres. Por lo general, arremeten contra nosotros porque todavía no cuentan con la capacidad necesaria para regular sus estados emocionales y controlar sus impulsos.* Y con nosotros se sienten lo bastante seguros para saber que no perderán nuestro amor, ni siquiera cuando peor se portan. De hecho, cuando un niño de cuatro años no pega y actúa «perfectamente» todo el tiempo, nos preocupa el vínculo del niño con su padre. Cuando los niños están muy unidos a sus progenitores, se sienten lo bastante seguros para poner a prueba esta relación. En otras palabras, la mala conducta de tu hijo suele indicar la confianza y seguridad que siente contigo. Muchos padres advierten que sus hijos «lo guardan todo para ellos»: se comportan mucho mejor en la escuela y con otros adultos que en casa. He aquí la explicación. Estos estallidos son a menudo un reflejo de seguridad y confianza más que cierta forma de rebelión.

2. *¿Qué lección quiero impartir en este momento?* La lección no es que el mal comportamiento merezca un castigo, sino que para obtener tu atención y controlar su enfado existen opciones mejores que el recurso a la violencia. Quieres que aprenda que no se pega y que hay muchas otra maneras *adecuadas* para expresar sus sentimientos.

3. *¿Cuál es el mejor modo de enseñar esta lección?* Aunque aislarlo en su cuarto o aplicar algún otro correctivo no relacionado puede hacer que tu hijo se lo piense bien antes de golpear otra vez, hay una alternativa mejor. ¿Y si conectaras con él atrayéndolo hacia ti y haciéndole saber que goza de toda tu atención? Entonces podrías identificar sus sentimientos y modelar la manera de transmitir estas emociones: «Esperar no es fácil. Quieres que juegue contigo y te enfadas porque estoy con el ordenador, ¿verdad?» Lo más probable es que recibas un irritado «¡sí!» como respuesta. No es algo malo; él sabrá que cuenta con tu atención. Y tú con la suya. Ahora

puedes charlar con él y, mientras se va tranquilizando y es más capaz de escuchar, puedes establecer contacto visual, explicarle que pegar no está bien y hablarle de ciertas opciones entre las que elegir —por ejemplo, usar palabras para expresar su contrariedad— la próxima vez que requiera tu atención.

EN VEZ DE REACCIONAR SIN MÁS...

¡A tu cuarto!

Este enfoque surte efecto también con niños más mayores. Examinemos uno de los problemas más habituales a los que se enfrentan padres de todas partes: las discusiones por los deberes escolares. Imagina que tu hija de nueve años se resiste a hacer los deberes, y los dos os enfrentáis del modo habitual. Al menos una vez a la semana, pierde el control. Está tan frustrada que acaba llorando, chillándote y llamando «malos» a sus profesores por ponerle deberes tan difíciles y calificándose a sí misma de «estúpida» por tener tantas dificultades. Tras estas proclamas, hunde la cara en el brazo doblado y se desmorona en un mar de lágrimas.

Para un padre, esta situación puede ser igual de desesperante que la de ser golpeado en la espalda por un niño de cuatro años. Una respuesta de piloto automático sería ceder a la frustración y, en pleno enfado, discutir con tu hija y soltarle un sermón, echándole la culpa por administrarse mal el tiempo y no atender en clase. Seguramente nos resulta familiar lo de «si hubieras empezado antes, cuando te lo dije, ahora ya lo habrías terminado». Nunca hemos oído a un niño responder a este sermón diciendo esto: «Tienes razón, papá. Debía haber comenzado cuando me lo dijiste. Asumo la responsabilidad de no empezar cuando debía; he aprendido la lección. Mañana me pondré a hacer los deberes antes. Gracias por explicármelo.»

En vez de la regañina, ¿qué tal si te preguntaras el porqué, el qué y el cómo?

1. *¿Por qué mi hija se comportó así?* Los enfoques disciplinarios van a cambiar también en función de quién es tu hija y de su personalidad. Quizá los deberes escolares supongan para ella algo insuperable, y de ahí su desespero ante una batalla que no podrá ganar nunca. Tal vez haya algo que le resulta demasiado difícil o abrumador y que le hace sentirse mal consigo misma, o a lo mejor es que solo necesita más actividad física. Aquí los principales sentimientos son de frustración e impotencia.

   O quizás el curso no sea tan duro en general, pero la niña se ha venido abajo porque hoy está cansada y se siente atribulada. Se ha levantado temprano, ha estado en clase seis horas, luego ha ido a una reunión de Girl Scouts que ha durado hasta la hora de cenar. Y ahora, después de haber comido, ¿va a sentarse a la mesa de la cocina y resolver quebrados durante cuarenta y cinco minutos? No es de extrañar que se ponga un poco frenética. Para una niña de nueve años (¡incluso para un adulto!) es demasiado. Esto no significa que no tenga que hacer los deberes; pero cuando te das cuenta de su situación, puede que cambie tu perspectiva... y tu reacción.

2. *¿Qué lección quiero enseñar en este momento?* Quizá quieras explicar algo sobre la gestión efectiva del tiempo y responsabilidad. O sobre la toma de decisiones relativas a actividades en las que uno participa. O acerca del control de las frustraciones de forma más adaptativa.

3. *¿Cuál es la mejor manera de enseñar esta lección?* Al margen de tu respuesta a la pregunta 2, una regañina cuando ella ya está alterada no es desde luego el mejor planteamiento. No es un momento para enseñar nada, pues las partes emocionales y reactivas de su cerebro están embravecidas, aplastando las partes más tranquilas, racionales, reflexivas y receptivas. Así que quizá sea mejor ayudarla con los quebrados y superar sin más esta crisis concreta: «Sé que es mucho para esta noche y estás cansada. Pero puedes hacerlo. Me sentaré contigo y nos

lo quitaremos de en medio.» Entonces, en cuanto ella se note más tranquila y los dos estéis compartiendo un cuenco de helado —o quizás incluso al día siguiente—, puedes analizar si tu hija tiene demasiadas cosas que hacer, o considerar si está esforzándose de veras por entender un concepto, o explorar la posibilidad de que hable demasiado en clase y se traiga a casa tareas pendientes, con lo que aumentan los deberes. Hazle preguntas y aplicad juntos la resolución de problemas para averiguar qué está pasando. Pregúntale qué le impide completar el trabajo escolar, por qué cree que no está haciéndolo bien y qué ideas se le ocurren. Enfoca la situación como una oportunidad para colaborar en la mejora de su experiencia con los deberes. Ella quizá necesite ayuda para crear destrezas que le permitan encontrar soluciones, pero implícala todo lo posible en el proceso.

Procura escoger un momento en el que los dos os halléis en un estado anímico bueno, receptivo, y empieza diciendo algo así: «Lo de los deberes no está funcionando muy bien, ¿verdad? Seguro que podemos descubrir un sistema mejor. ¿Qué crees que podría funcionar?» (Por cierto, te ofrecemos montones de sugerencias prácticas, específicas, para este tipo de conversación en el capítulo 6, donde nos ocupamos de las estrategias de redirección Sin Lágrimas.)

Como niños diferentes requieren respuestas diferentes a las preguntas por qué-qué-cómo, no estamos diciendo que cualquiera de estas respuestas específicas vaya a ser necesariamente aplicable a tus hijos en un momento dado. La clave radica en plantearse la disciplina de una forma nueva, en repensarla. A continuación, puedes seguir una filosofía global al interaccionar con tus hijos en vez de reaccionar sin más con cualquier estallido cuando ellos hagan algo que no te gusta. Las preguntas por qué-qué-cómo nos proporcionan un método nuevo para pasar de la crianza reactiva a las estrategias receptivas e intencionales de Cerebro Pleno.

EN VEZ DE SERMONEAR...

FORMULAR LAS TRES PREGUNTAS

De acuerdo, no siempre tienes tiempo de considerar detenidamente las tres preguntas. Cuando una pelea juguetona en la sala de estar se convierte en una lucha a muerte, o cuando las gemelas llegan tarde a ballet, no es fácil seguir el protocolo de las tres preguntas. Lo entendemos. Suena muy poco realista pensar que serás consciente de ello en pleno acaloramiento.

No estamos diciendo que vayas a hacerlo a la perfección todas las veces, o que inmediatamente vayas a ser capaz de evaluar atentamente tu respuesta cuando tus hijos estén alterados. Pero cuanto más tengas en cuenta y practiques este enfoque, más natural y automático será hacer una valoración rápida y dar una respuesta intencional. Incluso puede convertirse en tu opción por defecto, el recurso de elección. Con la práctica, estas preguntas pueden ayudarte a permanecer intencional y receptivo en circunstancias que antes provocaban reacción. Preguntarte por qué, qué y cómo te ayudará a crear una sensación interna de claridad incluso frente al caos externo.

Por consiguiente, recibirás la bonificación de tener que imponer cada vez menos disciplina, pues no solo estarás moldeando el cerebro de tu hijo para que tome mejores decisiones y aprenda la conexión entre sus sentimientos y su conducta, sino que también estarás más sintonizado con lo que le pasa —por qué hace lo que hace—, con lo cual serás más capaz de orientarlo antes de que las cosas se agraven. Por otra parte, tendrás más elementos para ver las cosas desde su perspectiva, lo cual te permitirá saber cuándo necesita tu ayuda, no tu ira.

NO PUEDO *VS.* NO QUIERO: LA DISCIPLINA NO ES «DE TALLA ÚNICA»

Por decirlo de manera simple, formular las preguntas por qué-qué-cómo nos ayuda a recordar quiénes son nuestros hijos y lo que necesitan. Las preguntas nos estimulan a ser conscientes de la edad y las necesidades exclusivas de cada individuo. Al fin y al cabo, lo que funciona en un niño puede ser exactamente lo contrario de lo que necesita su hermano. Y lo que sirve para un niño ahora mismo quizá no sea tan idóneo diez minutos después. Por tanto, no entendamos la disciplina como una solución «de talla única»: *recordemos lo importante que es imponer disciplina a este niño concreto en este momento determinado.*

Cuando disciplinamos con el piloto automático, solemos responder a una situación partiendo más de *nuestro* estado de ánimo que de las necesidades del niño en ese preciso momento. Es fácil olvidar que nuestros niños son solo eso —niños— y esperar conductas impropias de la capacidad derivada de su desarrollo. Por ejemplo, de un niño de cuatro años no cabe esperar que controle bien sus emociones cuando está enfadado porque su mamá sigue frente al ordenador, como tampoco podemos esperar que uno de nueve no se ponga frenético de vez en cuando por culpa de los deberes escolares.

Tina vio hace poco a una madre y una abuela de compras. Habían sujetado a un niño pequeño, al parecer de unos quince

meses, al carrito. Mientras ellas curioseaban, mirando zapatos y bolsos, el niño no paraba de llorar, sin duda porque quería bajarse. *Necesitaba* moverse, andar y explorar. Las cuidadoras le daban distraídamente cosas para entretenerlo, lo que lo contrariaba todavía más. El pequeño no sabía hablar, pero su mensaje estaba claro: «¡Estáis pidiéndome demasiado! ¡Necesito que veáis lo que necesito!» Su conducta y sus emocionales lamentos eran totalmente comprensibles.

De hecho, hemos de asumir que a veces los niños experimentan y exhiben reactividad emocional amén de conducta «oposicional». Desde el punto de vista del desarrollo, todavía no están actuando a partir de un cerebro plenamente formado (como explicaremos en el capítulo 2), por lo que son literalmente incapaces de satisfacer nuestras expectativas en todas las ocasiones. Esto significa que *cuando imponemos disciplina, hemos de tener siempre en cuenta la capacidad del niño en cuanto al desarrollo, el temperamento particular y el estilo emocional, así como el contexto situacional.*

Una distinción valiosa es la idea de «no puedo» *vs.* «no quiero». La frustración parental disminuye de forma drástica y radical cuando distinguimos entre estas dos situaciones. A veces damos por sentado que los niños *no quieren* comportarse de la manera que nosotros queremos, cuando en realidad simplemente *no pueden*, al menos en ese momento concreto.

A decir verdad, una elevada proporción de malas conductas tiene más que ver con el *no puedo* que con el *no quiero*. La próxima vez que a tu hijo le cueste controlarse, hazte esta pregunta: «¿Es lógica su manera de proceder, teniendo en cuenta la edad y las circunstancias?» Con frecuencia la respuesta es afirmativa. Si te pasas horas haciendo recados con un niño de tres años en el coche, se pondrá nervioso. Un niño de once años que la noche anterior se acostó tarde tras ver unos fuegos artificiales, y a la mañana siguiente tiene que levantarse temprano para una actividad extraescolar, muy probablemente se vendrá abajo en algún momento del día. No porque *no quiera* mantener el tipo, sino porque *no puede*.

Intentamos dejar esto claro a los padres una y otra vez. Fue especialmente efectivo con uno que acudió a la consulta de Tina. Estaba consternado porque su hijo de cinco años demostraba tener capacidad para actuar debidamente y tomar decisiones correctas, pero a veces tenía berrinches por la cosa más nimia. Tina abordó así la conversación:

Comencé intentando explicar a este padre que a veces su hijo *no podía* regularse a sí mismo, es decir, no estaba *escogiendo* ser testarudo o rebelde. El lenguaje corporal del padre en respuesta a mi explicación fue claro. Cruzó los brazos y se reclinó en la silla. Aunque no puso literalmente los ojos en blanco, desde luego no estaba lo que se dice dispuesto a fundar un club de fans de Tina Bryson. «Tengo la impresión de que no está de acuerdo conmigo», le dije.

«Es que no tiene sentido —respondió—. A veces consigue controlarse incluso ante decepciones importantes. Como la semana pasada, cuando no pudo ir al partido de hockey. Otras veces, en cambio, ¡pierde totalmente la cabeza al no poder ponerse la gorra azul porque está en la lavadora! No es que no pueda. Lo que pasa es que está demasiado consentido y necesita una disciplina más estricta. Ha de aprender a obedecer. ¡Y *puede*! Ya ha demostrado de sobra que es capaz de desenvolverse.»

Decidí asumir un riesgo terapéutico: hacer algo fuera de lo común sin saber muy bien cómo resultaría. Asentí y dije: «Seguro que usted es casi siempre un padre afectuoso y paciente, ¿verdad?»

«Sí, casi siempre. Aunque a veces, no, claro», respondió.

Entonces intenté utilizar un tono más jocoso y humorístico: «¿Así que usted *puede* ser paciente y afectuoso, pero a veces decide no serlo? —Menos mal que sonrió; empezaba a ver por dónde iba yo. De modo que seguí adelante—. Si usted quisiera a su hijo, ¿no tomaría mejores decisiones y sería un buen padre *todo* el tiempo? ¿Por qué elige ser reactivo o impaciente?» Comenzó a asentir y se le pintó en la cara una sonrisa aún mayor, acusando recibo de mi tono bromista a medida que el tema iba quedando claro. Proseguí:

«¿Por qué es tan difícil tener paciencia?»

«Bueno, depende de cómo me siento —dijo—. De si estoy cansado o he tenido un día duro en el trabajo o algo así.»

Sonreí y dije: «Sabe adónde quiero ir a parar, ¿verdad?»

Desde luego que lo sabía. Tina pasó a explicar que la capacidad de una persona para resolver situaciones como es debido y tomar buenas decisiones puede fluctuar según las circunstancias y el contexto de una situación dada. Simplemente por ser humanos, nuestra capacidad para desenvolvernos no es estable ni constante. Y, sin duda, este es el caso de un niño de cinco años.

El padre entendió a la perfección lo que le decía Tina: que es un error suponer que solo porque el pequeño podía controlarse bien en un momento determinado sería capaz de hacerlo siempre. Y que cuando el hijo no gestionaba bien sus sentimientos y conductas, ello no evidenciaba que estuviera consentido y precisara una disciplina más severa. Lo que necesitaba más bien era comprensión y ayuda, y mediante la conexión emocional y el establecimiento de límites, el padre podría incrementar la capacidad de su hijo. *La verdad es que nuestra capacidad fluctúa según sea el estado anímico y el corporal, estados que reciben la influencia de muchos factores, especialmente en el caso del cerebro en desarrollo de un niño en desarrollo.*

Tina y el padre siguieron hablando, y quedó claro que él había entendido la idea. Había captado la diferencia entre «no puedo» y «no quiero», y había comprendido que estaba imponiendo expectativas rígidas e inadecuadas desde el punto de vista del desarrollo («de talla única») a su hijo, así como a la hermana del pequeño. Este nuevo planteamiento le habilitó para desconectar el piloto automático parental y empezar a esforzarse por tomar decisiones intencionales, momento a momento, con respecto a sus hijos, cada uno con su personalidad y sus necesidades en cada situación concreta. *El padre comprendió que no solo podía seguir fijando límites firmes y claros, sino que podía hacerlo con más eficacia y respeto al tener en cuenta el temperamento y la capacidad fluctuante de cada hijo, además del contexto.* Como consecuencia de ello, sería capaz de alcanzar ambos objetivos disciplinarios: aumentar la cooperación de su hijo y enseñarle destrezas y lecciones vitales importantes que le ayudarán a medida que crezca.

Este padre estaba descubriendo ciertas suposiciones de su modo de pensar, como que el mal comportamiento es siempre una oposición obstinada en vez de un momento de dificultad que se presenta mientras uno trata de manejar sentimientos y conductas. En otras conversaciones con Tina llegó a cuestionarse no solo esta suposición, sino también su énfasis en que el hijo y la hija le obedecieran de forma incondicional y sin excepción. Sí, razonable y justificadamente quería que su disciplina estimulase en sus niños la cooperación. Pero ¿obediencia completa y ciega? ¿Quería que sus hijos crecieran obedeciendo a ciegas a todo el mundo durante toda la vida? ¿O prefería que desarrollaran su identidad y su personalidad individual, aprendiendo a lo largo del camino lo que significa llevarse bien con los demás, respetar los límites, tomar buenas decisiones, ser autodisciplinados y pasar por situaciones difíciles aplicando su propio criterio? También entendió esto, lo cual causó un impacto de lo más positivo en sus hijos.

Otro supuesto que este padre empezó a poner internamente en entredicho fue la existencia de cierta bala de plata o varita mágica utilizable para abordar cualquier problema o asunto relativo a la conducta. Ojalá hubiera una panacea así, pero no la hay. Es tentador aceptar una práctica disciplinaria que prometa funcionar indefectiblemente en todas las situaciones o incluso cambiar de forma radical al niño en pocos días. Sin embargo, la dinámica de las interacciones es siempre mucho más compleja. No es posible resolver los problemas de conducta sin más, mediante un enfoque «de talla única» aplicable a cualquier circunstancia, niño o entorno.

Dedicaremos ahora unos minutos a analizar las dos técnicas disciplinarias «de talla única» más habituales en que se apoyan los padres: los azotes y el aislamiento.

LOS AZOTES Y EL CEREBRO

Una respuesta de piloto automático a la que recurren muchos padres es la azotaina. A menudo nos preguntan nuestra postura ante la cuestión.

Aunque en realidad somos grandes defensores de los límites y las restricciones, nos oponemos enérgicamente a los azotes. El castigo físico es un tema complejo y de gran carga emocional, y queda fuera del alcance de este libro un examen a fondo de las investigaciones, los diversos contextos en los que tiene lugar el castigo físico y los impactos negativos de las zurras. No obstante, a partir de nuestra perspectiva neurocientífica y de una revisión de la bibliografía correspondiente, creemos que los azotes son casi seguro contraproducentes cuando se trata de crear relaciones respetuosas con los hijos, enseñarles las lecciones que queremos que aprendan y estimular el desarrollo óptimo. También pensamos que los niños deben tener derecho a estar a salvo de cualquier forma de violencia, sobre todo si procede de personas en cuya protección ellos confían en especial.

Sabemos que hay toda clase de padres, toda clase de hijos y toda clase de contextos en los que tiene lugar la disciplina. Y, desde luego, comprendemos que la frustración, junto con el deseo de hacer lo correcto para los hijos, lleva a algunos padres a usar los azotes como estrategia disciplinaria. No obstante, las investigaciones ponen sistemáticamente de manifiesto que, incluso cuando los padres son cariñosos, afectuosos y estimuladores, las zurras a los niños no solo son menos efectivas para cambiar la conducta a largo plazo, sino que están asociadas a resultados negativos en muchos ámbitos. De acuerdo, existen muchos enfoques disciplinarios sin azotes que pueden ser tan dañinos como los que incluyen algún cachete. Aislar a los niños durante largos períodos de tiempo, humillarlos, amenazarlos a gritos o usar otras formas de agresión verbal o psicológica son otros tantos ejemplos de prácticas disciplinarias que lastiman la mente de los niños, aunque sus padres no lleguen a tocarlos físicamente.

Por tanto, animamos a los padres a evitar *todo* planteamiento disciplinario que sea agresivo, cause dolor o provoque terror o miedo. Para empezar, es contraproducente. La atención del niño salta de su propia conducta y el modo de cambiarla a la respuesta del cuidador ante dicha conducta, con lo que ya no tiene en cuenta en absoluto sus acciones. En vez de ello, piensa solo en lo injusto y malo que es su padre al hacerle daño, o incluso en el miedo que le ha provocado en ese momento. *Así pues, esta respuesta parental debilita los principales objetivos de la disciplina —modificar la conducta y construir el cerebro— porque anula una oportunidad para que el niño piense en su conducta e incluso sienta cierto remordimiento o culpa saludable.*

Otro problema importante de los azotes es lo que le pasa al niño desde el punto de vista fisiológico o neurológico. El cerebro interpreta el dolor como amenaza. Así, cuando un padre causa dolor físico a un niño, este se enfrenta a una paradoja biológica insoluble. Por un lado, todos nacemos con el instinto de acudir a nuestros cuidadores en busca de protección cuando estamos lastimados o asustados. Sin embargo, si los cuidadores son también el *origen* del dolor y el miedo, si el padre ha provocado el estado de terror en el niño por lo que este haya hecho, para el cerebro del pequeño la situación puede resultar muy confusa. Un circuito empuja al niño a intentar escapar del padre que está haciéndole daño, mientras que otro lo empuja *hacia* la figura de apego en busca de seguridad. Así, cuando el padre es el origen del dolor o el miedo, puede que el cerebro acabe funcionando de forma desorganizada, pues se crea una paradoja sin solución. En última instancia, consideramos esto una forma de apego desorganizado. La hormona del estrés —cortisol— liberada cuando se produce un estado interno desorganizado y reiteradas experiencias interpersonales de terror y furia, puede provocar duraderos impactos negativos en el desarrollo cerebral, pues dicha hormona es tóxica para el cerebro e inhibe el crecimiento sano. En realidad, el castigo duro y severo puede dar lugar a cambios importantes en el cerebro, como la muerte de conexiones e incluso de células cerebrales.

Otro problema con los azotes es que revela al niño la falta de estrategia efectiva del padre aparte de infligir dolor corporal. Es una lección directa que todo padre debería tener muy en cuenta: ¿queremos enseñar a nuestros hijos que la manera de resolver conflictos es causando dolor físico, en especial a alguien desvalido incapaz de defenderse?

Si enfocamos la cuestión desde el punto de vista del cerebro y el cuerpo, vemos que los seres humanos están instintivamente programados para evitar el dolor. Asimismo, la parte del cerebro que media en el dolor físico es la misma que procesa el rechazo social. Provocar dolor físico es también crear rechazo social en el cerebro del niño. Como los niños no pueden ser perfectos, observamos la importancia de los estudios acerca del castigo físico: según estos, aunque los azotes suelen interrumpir una mala conducta en un momento determinado, no son igual de efectivos en cuanto a cambiar conductas a largo plazo. En vez de ello, los niños a menudo aprenden a ocultar mejor lo que han hecho. En otras palabras, el peligro es que el niño así castigado haga lo que sea para evitar el castigo físico (y el rechazo social), lo que con frecuencia significa más mentira y ocultación, no comunicación colaboradora ni disposición a aprender.

Una última cuestión sobre los azotes: ¿qué parte del cerebro queremos abordar y desarrollar con nuestra disciplina? Como veremos en el siguiente capítulo, los padres tienen la opción de implicar la parte reflexiva, superior, del cerebro sensato del niño, o a la parte inferior reptiliana, más reactiva. Si amenazas o atacas físicamente a un reptil, ¿qué clase de respuesta crees que obtendrás? Imaginemos a una cobra acorralada, escupiéndote. La reactividad no comporta sensatez ni conexión.

Si nos vemos sometidos a una amenaza o un ataque físico, nuestro cerebro primitivo o reptiliano asume el control. Pasamos a una modalidad de supervivencia adaptativa, a menudo conocida como «luchar, escapar o quedarse quieto». También podemos desmayarnos, respuesta que se produce en algunas personas cuando se sienten del todo impotentes. De la misma manera, cuando hacemos que los niños experimenten miedo, dolor o enfado, provocamos un aumento del flujo de energía e información al cerebro primitivo y reactivo, en lugar de dirigir ese flujo al modo de pensar receptivo, a las regiones cerebrales más sofisticadas y potencialmente sensatas que permiten a los niños tomar decisiones saludables y flexibles, además de controlar sus emociones.

¿Quieres desencadenar reactividad en el cerebro primitivo de tu hijo, o apelar al cerebro racional, reflexivo, para que el pequeño sea receptivo y encaje bien en el mundo? Cuando activamos los estados cerebrales reactivos, perdemos la ocasión de desarrollar la parte cerebral pensante. Es una oportunidad perdida. Es más, tenemos *muchas* otras opciones, más eficaces, para imponer disciplina a nuestros niños —estrategias que les procuran práctica en el uso de su «cerebro superior» para que sea más fuerte y esté más desarrollado—, con lo cual serán mucho más capaces de convertirse en personas responsables que hagan con más frecuencia lo correcto. (En los capítulos del 3 al 6 ahondaremos en el tema.)

¿ES EL AISLAMIENTO EN EL CUARTO UNA HERRAMIENTA DISCIPLINARIA EFECTIVA?

En la actualidad, la mayoría de los padres que han decidido no azotar a sus hijos dan por supuesto que el aislamiento en el cuarto es la mejor opción disponible. ¿En efecto lo es? ¿Nos ayuda a alcanzar los objetivos de disciplina?

En términos generales, creemos que no.

Conocemos muchos padres afectuosos que utilizan el aislamiento como principal técnica disciplinaria. Sin embargo, tras haber revisado varias investigaciones, hablado con miles de padres y criado a nuestros propios hijos, se nos han ocurrido varias razones importantes por las que no pensamos que los aislamientos sean la mejor estrategia disciplinaria. Para empezar, cuando los padres recurren al aislamiento, suelen emplearlo con mucha frecuencia y movidos por el enfado. No obstante, los padres pueden proporcionar a los niños experiencias más positivas y significativas que permitan alcanzar más fácilmente el objetivo doble de estimular la cooperación y construir el cerebro. Como explicaremos con más detalle en el próximo capítulo, las conexiones cerebrales se establecen a partir de experiencias repetidas. ¿Y qué experiencia da el aislamiento a un niño? Aunque lo mandes al cuarto de forma cariñosa, ¿quieres que las repetidas experiencias de tu hijo cuando cometa un error equivalgan a un rato a solas, que a menudo es experimentado, sobre todo por los más pequeños, como un rechazo?

¿No sería mejor hacer que experimentara lo que significa hacer las cosas *bien*? En vez del aislamiento, por tanto, podrías pedirle que manejase la situación de forma distinta. Si el tono de sus palabras es irrespetuoso, puedes hacer que lo intente de nuevo y se exprese con respeto. Si ha sido malo con su hermano, puedes pedirle que busque tres cosas agradables que hacer por él antes de ir a acostarse. De este modo, la experiencia repetida de la conducta empieza a formar conexiones en su cerebro. (En los próximos capítulos volveremos sobre la cuestión.)

Resumiendo, el aislamiento no suele conseguir su objetivo: que los niños se calmen y reflexionen sobre su conducta. Según nuestra experiencia, el aislamiento solo vuelve a los niños más enojados y disfuncionales, con lo que acaban siendo menos capaces de controlarse o de pensar en lo que han hecho. Además, ¿con qué frecuencia crees que los niños utilizan su aislamiento para meditar sobre su conducta? Tenemos una noticia para ti: durante el tiempo de aislamiento, el niño piensa sobre todo en lo malos que son sus padres por haberle castigado.

Cuando los niños reflexionan sobre la fatalidad de tener un

LO QUE ESPERAN LOS PADRES DEL AISLAMIENTO:

LO QUE PASA REALMENTE EN LOS AISLAMIENTOS:

padre o una madre tan malo o injusto, están dejando escapar la oportunidad de crear percepción, empatía y destrezas de resolución de problemas. Colocarlos en una situación de aislamiento les impide tomar decisiones empáticas y ser personas activas con facultades para comprender las cosas. Queremos darles la oportunidad de resolver problemas, tomar decisiones acertadas y recibir consuelo cuando se enfrentan al desánimo. Puedes hacer muchísimo bien a tus niños formulando esta simple pregunta: «¿Tienes alguna idea para afrontar esta situación y solucionar el problema?» Si les das la oportunidad cuando ya están tranquilos, por lo general los niños hacen lo correcto y en el proceso aprenden.

Además, el aislamiento no suele estar ligado de manera lógica y directa a una conducta determinada, algo clave para el aprendizaje efectivo. Si el niño hace una montaña de papel higiénico, luego ha de ayudar a limpiar. Si monta en bicicleta sin casco, durante dos semanas habrá una inspección de seguridad cada vez que la bicicleta salga del garaje. Si se olvida el bate en el entrenamiento de béisbol, tendrá que pedir prestado el de un compañero hasta que aparezca el otro. Estas son respuestas parentales claramente relacionadas con el comportamiento. No son en absoluto punitivas ni vengativas, sino que se centran en enseñar lecciones a los niños y ayudarles a entender cómo se hacen bien las cosas. Por su parte, el aislamiento no suele guardar ningún tipo de relación con una mala decisión o una reacción descontrolada del pequeño. Debido a ello, no suele ser tan efectivo en lo concerniente al cambio de conducta.

Incluso cuando las intenciones de los padres son buenas, el aislamiento suele utilizarse de forma inapropiada. Quizá *queremos* el aislamiento para dar a los niños la oportunidad de tranquilizarse y recobrar la compostura y que así puedan salir de su caos interno y pasar a una fase de calma y cooperación. Sin embargo, muchas veces los padres emplean este recurso con carácter punitivo, y entonces el objetivo no es ayudar al niño a volver a su punto de partida tranquilo ni a aprender una lección importante, sino castigarle por alguna mala conducta. El aspec-

EN VEZ DE AISLAMIENTO «DE TALLA ÚNICA»...

ENSÉÑALES A TOMAR BUENAS DECISIONES

to didáctico, tranquilizante, del aislamiento se pierde por completo.

De todos modos, la razón más importante por la que ponemos en entredicho el valor del aislamiento tiene que ver con la profunda necesidad de conexión que tiene el niño. El mal comportamiento suele deberse a que, desde el punto de vista emocional, el niño está sometido a demasiada tensión, por lo que la expresión de una necesidad o de un sentimiento fuerte surge de manera agresiva, irrespetuosa o poco cooperativa. Quizá tenga hambre o esté cansado, o acaso haya alguna otra explicación de por qué en este momento es incapaz de autocontrolarse y tomar una decisión acertada. Tal vez todo se reduce a que tiene tres años y su cerebro no está lo bastante desarrollado para entender y expresar sus sentimientos con calma. Así pues, en vez de hacer todo lo posible para transmitir su abrumadora decepción y su enfado al ver que no queda zumo de uva, empieza a tirarte juguetes.

En estos momentos es cuando más necesita el niño nuestro consuelo y nuestra presencia tranquila. Obligarle a irse y quedarse solo suena a abandono, sobre todo si ya se siente descontrolado. Esto quizás envíe incluso el sutil mensaje de que, cuando no está «haciendo lo correcto», no quieres estar cerca de él. *No quieres transmitir el mensaje de que tendrás una relación con él cuando sea «bueno» o esté contento, pero le negarás el amor y el afecto en caso contrario.* ¿Te gustaría consolidar esta clase de relación? A un adolescente seguramente le aconsejaremos que evite a amigos o compañeros que le traten así si comete un error.

No estamos diciendo que el aislamiento sea la peor técnica disciplinaria posible, que pueda provocar traumas o que no se deba utilizar nunca. Si se hace de forma adecuada, con conexión afectuosa, sentarse de vez en cuando *con* el niño y hablarle o consolarle —lo que podemos denominar un «agrupamiento», lo contrario del aislamiento— puede resultar práctico. De hecho, enseñar a los niños a hacer una pausa y tomarse cierto tiempo para reflexionar es esencial para desarrollar funciones

¿ES ESTE EL MENSAJE QUE QUIERES TRANSMITIR A TU HIJO?

ejecutivas que reduzcan la impulsividad y aprovechen la capacidad de la atención concentrada. Pero una reflexión así se crea en relación, no en aislamiento completo, sobre todo en el caso de los más pequeños, que a medida que crecen pueden sacar provecho de la reflexión y del agrupamiento para centrar la atención en su mundo interior. Así aprenden a «ver mar adentro» y desarrollar la destreza para calmar las tormentas internas. Esta clase de agrupamiento es la base del *mindsight*, o la visión de la mente, la capacidad de ver la propia mente y la de los otros con percepción y empatía. La visión de la mente incluye el proceso de integración que permite cambiar los estados internos, esto es, pasar del caos o la rigidez a un estado interno de armonía y flexibilidad. Como la visión de la mente —percepción, empatía e integración— constituye la base de la inteligencia social y emocional, utilizar el agrupamiento para desarrollar habilidades reflexivas internas es el modo de ayudar a los niños y adolescentes a desarrollar los circuitos de estas importantes capacidades. La Disciplina sin Lágrimas usaría el agrupamiento para interrumpir conductas (primer objetivo) e invitar a la reflexión interna que construye destrezas ejecutivas (segundo objetivo).

Una estrategia proactiva que puede ser eficaz es ayudar al niño a crear una «zona de calma» con juguetes, cuentos o algún peluche favorito, que visita cuando necesita tiempo y espacio para sosegarse. Se trata de una autorregulación interna, una habilidad esencial de la función ejecutiva. (¡También es una buena idea para los padres! Quizás un poco de chocolate, revistas, música, vino tinto...) No tiene nada que ver con castigos ni con que el niño pague por sus errores, sino con ofrecer una opción y un sitio que le ayuden a autorregularse o regularse a la baja, lo cual supone disminuir la sobrecarga emocional.

Como veremos en las próximas páginas, para responder a los niños hay montones de maneras más estimulantes, creadoras de relaciones y *efectivas* que la aplicación automática de un aislamiento o un castigo «de talla única» por defecto para cualquier mal comportamiento. Lo mismo vale para los azotes e incluso para cualquier castigo en términos generales. Menos mal que, como pronto explicaremos, existen mejores alternativas que dar azotes, aislar en el cuarto o quitar maquinalmente un juguete o un privilegio. Se trata de alternativas que, desde el punto de vista lógico y natural, están ligadas a la conducta del niño, construyen el cerebro y mantienen una conexión sólida entre padres e hijos.

¿CUÁL ES TU FILOSOFÍA DISCIPLINARIA?

La principal cuestión que hemos transmitido en este capítulo es que los padres han de ser intencionales en la manera de responder cuando sus hijos se portan mal. En lugar de reaccionar a partir del enfrentamiento y las emociones más primarias, o de responder a cada infracción con una estrategia «de talla única» que no tiene en cuenta el contexto ni la fase de desarrollo del niño, los padres pueden actuar basándose en principios y estrategias que se correspondan con su sistema de valores y el respeto a los hijos como individuos que son. La Disciplina sin Lágrimas se centra no solo en abordar circunstancias inmediatas y conductas a corto plazo, sino también en crear destrezas y conexiones cerebrales que, a largo plazo, ayuden al niño a tomar decisiones reflexivas y a gestionar bien sus emociones de forma automática, con lo cual hará cada vez menos falta la disciplina.

¿Cómo vas a hacerlo? ¿En qué medida eres intencional cuando impones disciplina a tus hijos?

Piensa por un momento en tu respuesta normal ante la conducta de tus hijos. ¿Les das un cachete, los mandas al cuarto o les gritas de forma mecánica? Cuando los niños se comportan mal, ¿cuentas con alguna otra opción inmediata? Quizás haces simplemente lo mismo que hicieron tus padres... o exactamente lo contrario. La verdadera pregunta es esta: ¿hasta qué punto tu estrategia disciplinaria deriva de un enfoque intencional y consecuente, o consiste en reaccionar sin más confiando en viejas costumbres y mecanismos por defecto?

He aquí algunas preguntas que puedes formularte mientras piensas en tu filosofía disciplinaria global:

1. *¿Cuento con una filosofía disciplinaria?* ¿En qué grado tengo un propósito y soy coherente cuando no me gusta el comportamiento de mis hijos?

2. *¿Lo que estoy haciendo funciona?* ¿Mi planteamiento me permite enseñar a mis hijos las lecciones que quiero enseñarles, en lo relativo tanto a la conducta inmediata como al modo en que crecen y se desarrollan como personas? ¿Necesito abordar las conductas cada vez menos, o debo imponer disciplina sobre las mismas conductas una y otra vez?

3. *¿Me siento bien con lo que estoy haciendo?* ¿Mi planteamiento disciplinario me ayuda a disfrutar más de la

relación con mis hijos? ¿Reflexiono habitualmente sobre momentos disciplinarios y me siento satisfecho con mi modo de desenvolverme? ¿Me pregunto a menudo si hay un modo mejor?

4. *¿Se sienten bien mis hijos al respecto?* La disciplina difícilmente va a ser santo de su devoción, pero ¿entienden los niños mi enfoque y notan mi afecto? ¿Estoy comunicando y moldeando respeto de una manera que les permita sentirse satisfechos consigo mismos?

5. *¿Me siento bien con los mensajes que transmito a mis hijos?* ¿A veces les enseño lecciones que no quiero que interioricen (por ejemplo, que obedecerme es más importante que aprender a tomar buenas decisiones sobre hacer lo correcto, que el poder y el control son los mejores medios para conseguir que la gente haga lo que queremos, o que yo solo quiero estar cerca de ellos si son agradables)?

6. *¿Hasta qué punto se parece mi enfoque al de mis padres?* ¿Cómo me impusieron disciplina mis padres? ¿Recuerdo algún caso concreto de disciplina y cómo me hizo sentir? ¿Estoy tan solo reproduciendo viejos patrones? ¿Rebelándome contra ellos?

7. *¿Mi enfoque ha hecho que alguna vez mis hijos se hayan disculpado de una forma sincera?* Aunque esto no suceda de manera habitual, ¿al menos mi planteamiento mantiene esta puerta abierta?

8. *¿Me permite esto asumir responsabilidades y pedir perdón por mis propias acciones?* ¿Hasta qué punto soy sincero con mis hijos respecto al hecho de que cometo errores? ¿Estoy dispuesto a ser para ellos un modelo de conducta que reconoce sus errores?

¿Cómo te sientes ahora, tras haberte formulado estas preguntas? Muchos padres experimentan pesar, culpa, vergüenza e incluso desesperanza cuando descubren lo que no ha estado funcionando, y les preocupa el hecho de no haber estado haciendo todo lo posible. Sin embargo, *la verdad es que has hecho todo lo que podías. Si hubieras podido hacerlo mejor, lo habrías hecho.* El objetivo de plantearte nuevos principios y estrategias no es reprocharte a ti mismo las oportunidades perdidas, sino intentar crear oportunidades nuevas. Cuando sabemos más, lo hacemos mejor. A lo largo de los años, con la práctica, vamos aprendiendo cosas que desearíamos haber sabido o pensado cuando nuestros hijos eran bebés. El cerebro de los niños es muy plástico —modifica su estructura en función de la experiencia—, y ellos responden de manera muy rápida y productiva a las experiencias nuevas. Cuanta más compasión te demuestres a ti mismo, más la tendrás por tu hijo. Incluso los mejores padres se dan cuenta de que siempre habrá veces en que se puede ser más intencional, efectivo y respetuoso en lo concerniente al modo de imponer disciplina a los hijos.

En los capítulos restantes, nuestro objetivo será ayudarte a pensar en lo que quieres para tus hijos cuando se trata de guiarles y enseñarles. Ninguno de nosotros seremos perfectos, eso es imposible. No obstante, podemos dar pasos hacia el propósito de conseguir calma y autocontrol cuando los niños enredan. Podemos formular las preguntas por qué-qué-cómo. Podemos evitar las estrategias disciplinarias «de talla única». *Podemos ofrecer los dos objetivos de formación de conductas externas y de aprendizaje de destrezas internas.* Y podemos trabajar para reducir el número de veces en que nos limitamos a reaccionar sin más (o lo hacemos de forma exagerada) ante una situación, y aumentar el número de veces en que *reaccionamos* a partir de un sentido claro y receptivo de lo que a nuestro juicio necesitan los niños en cada momento concreto, a medida que recorren la infancia hacia la adolescencia y la edad adulta.

2

Tu cerebro bajo disciplina

La mañana de Liz transcurría bien. Sus dos hijas habían desayunado, estaban ambas ya vestidas, y ella y su marido, Tim, salían de la casa para acompañarlas a sus respectivas escuelas. De repente, cuando Liz pronunció la frase aparentemente más banal mientras cerraba la puerta a su espalda —«Nina, tú en el coche de papá; Vera, súbete a la camioneta»—, todo se vino abajo.

Tim y Vera, de siete años, ya habían echado a andar hacia el camino de entrada, y Liz estaba cerrando la puerta cuando un salvaje grito justo detrás le paró el corazón. Se volvió enseguida y vio a Nina, la de cuatro años, de pie en el último escalón del porche, gritando «¡no!» con un registro de lo más ensordecedor.

Liz miró a Tim y luego a Vera. Ambos se encogieron de hombros con cara de desconcierto. El prolongado y sostenido «¡no!» de Nina había sido sustituido por un *stacatto*, «¡no!, ¡no!, ¡no!», también a todo volumen. Liz se arrodilló enseguida y atrajo a Nina hacia sí, mientras los chillidos de su hija por suerte iban apagándose y siendo reemplazados por sollozos.

«¿Qué pasa, cariño? —preguntó Liz. El arrebato la había dejado anonadada—. ¿Qué pasa?»

A pesar de seguir llorando, Nina fue capaz de decir algo: «Ya llevaste a Vera ayer.»

Liz volvió a mirar a Tim, que se les había acercado con un

ademán que decía «no tengo ni idea». Liz, con los oídos aún zumbándole, intentó explicarse: «Lo sé, cielo. Pero es que la escuela de Vera está al lado de mi trabajo.»

Nina se apartó de su madre y gritó: «¡Pero hoy me toca a mí!»

Sabiendo ahora que su hija no corría peligro, Liz respiró hondo y por un instante se preguntó qué nivel de decibelios debería alcanzar un grito agudo para romper un cristal.

Vera, indiferente como de costumbre ante las aflicciones de su hermana, anunció impaciente: «Mamá, voy a llegar tarde.»

Antes de describir cómo gestionó Liz esta situación parental clásica, hemos de introducir algunos hechos simples sobre el cerebro humano y el modo en que tiene impacto en nuestras decisiones disciplinarias cuando los niños se portan mal o, como es el caso, se descontrolan sin más. Comencemos con tres descubrimientos fundacionales sobre el cerebro —los llamaremos las tres «C cerebrales»—, que pueden ser inmensamente beneficiosos para imponer disciplina con eficacia y menos drama, al tiempo que enseñas a tus hijos lecciones importantes acerca del autocontrol y las relaciones.

«C CEREBRAL» N.º 1: EL CEREBRO ES CAMBIANTE

La primera C cerebral —que el cerebro es cambiante— parece simple, pero sus repercusiones son enormes y deberían inspirar todo lo que hacemos con nuestros hijos, disciplina incluida.

El cerebro de un niño es como una casa en construcción. El cerebro inferior se compone del tronco encefálico y la región límbica, que conjuntamente constituyen las secciones cerebrales a menudo conocidas como «cerebro reptiliano» o «viejo cerebro mamífero». Estas regiones inferiores se encuentran dentro del cráneo desde aproximadamente el nivel del caballete de la nariz hasta la zona superior del cuello, y una parte de ellas, el tronco encefálico, está muy desarrollada al nacer. A nuestro entender, el cerebro inferior es mucho más primitivo, pues es responsable de las operaciones neurales y mentales más básicas: emociones fuertes; instintos como el de la protección de la descendencia, y funciones básicas como la respiración, la regulación de los ciclos de sueño y vigilia, y la digestión. El cerebro inferior es lo que impulsa a un niño pequeño a tirarte un juguete o morder a quien pille por delante cuando no puede salirse con la suya. Puede ser la fuente de nuestra reactividad, y su lema es un apresurado «¡Preparados! ¡Apunten! ¡Fuego!», aunque a menudo se salta los prolegómenos de «preparados» y «apunten». Era el cerebro inferior de Nina el que había asumido el mando cuando comprendió que no sería su madre quien la llevaría a la escuela.

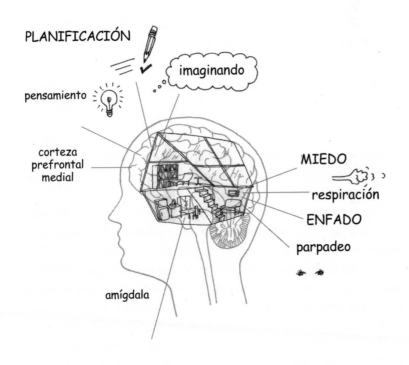

Como bien sabrás si eres padre, el cerebro inferior, con todas sus funciones primarias, funciona a pleno rendimiento incluso en los niños más pequeños. Sin embargo, el cerebro superior, responsable del pensamiento más complejo y sofisticado, está poco desarrollado al nacer y empieza a crecer durante la primera infancia y la niñez. El cerebro superior está formado por la corteza cerebral, la capa más externa del cerebro —también conocida como córtex—, y se ubica directamente detrás de la frente y sigue hasta la parte posterior de la cabeza, como una media cúpula que cubre el cerebro inferior. A diferencia de este, con todas sus funciones básicas, el cerebro superior es responsable de la larga lista de destrezas relacionales, emocionales y reflexivas que nos permiten llevar una existencia equilibrada, con sentido, y disfrutar de relaciones sanas:

- Planificación y toma de decisiones serias.
- Regulación de las emociones y el cuerpo.
- Percepción personal.
- Flexibilidad y adaptabilidad.
- Empatía.
- Moralidad.

Estas son precisamente las cualidades que queremos inculcar a nuestros hijos, y todas ellas requieren un cerebro superior bien desarrollado.

El problema es que se precisa un tiempo para que el cerebro madure. Lamentamos informar —sobre todo si hoy es la tercera vez en esta semana que tu hijo de doce años se ha olvidado la carpeta de los deberes en la taquilla— de que, en realidad, el cerebro superior no estará plenamente formado hasta que la persona llegue más o menos a los veinticinco años. Eso no significa que no pueda hacerse nada al respecto en el proceso, sino que, mientras que el cerebro del niño está construyéndose, el del adolescente se encuentra en un período de reorganización que modificará las estructuras básicas creadas en los primeros doce años de vida. Dan explora todo esto en un libro para y sobre adolescentes titulado *Tormenta cerebral*. La buena noticia —para ti y para tu hijo pequeño o adolescente— es que, si conocemos el cerebro, podemos cambiar el modo de enfocar el aprendizaje y la conducta. Si conocemos el cerebro, podemos guiar nuestra mente —cómo prestar atención, cómo pensar, cómo sentir, cómo interactuar con los demás— de maneras que refuercen un desarrollo cerebral firme y saludable a lo largo de la vida.

Aun así, todo esto implica que, aunque nos gustaría que nuestros hijos se portasen de forma coherente, como si estuvieran plenamente desarrollados y fueran adultos conscientes, provistos de lógica fiable, equilibrio emocional y moralidad, todavía no pueden hacerlo —o al menos no todo el tiempo— porque son demasiado jóvenes. Debido a ello, hemos de actuar en consecuencia y repensar las expectativas. Queremos dirigirnos a nuestro hijo de nueve años mientras consolamos a la de cinco, cuyo ojo ha recibido el impacto de un dardo de goma disparado a una distancia exasperantemente corta: «¿En qué estabas *pensando*?»

Su respuesta será «no lo sé» o «no *estaba* pensando», desde luego. Y lo más probable es que tenga razón. Su cerebro superior no estaba conectado cuando apuntó a la pupila de su hermana, igual que ese cerebro superior no estaba conectado el día anterior cuando exigió que la fiesta en la playa de su primo se trasladara en pleno a algún otro sitio porque se había hecho un corte en el talón y no quería que le entrara arena. En resumidas cuentas, al margen de lo inteligente, responsable o consciente que sea tu hijo, es injusto esperar que siempre se desenvuelva bien, o que distinga en todo momento entre una decisión buena y otra mala. Esto es imposible incluso en el caso de los adultos.

Observamos un buen ejemplo de este desarrollo gradual en un área concreta del cerebro superior denominada unión temporo-parietal (TPJ, por sus siglas en inglés) derecha.

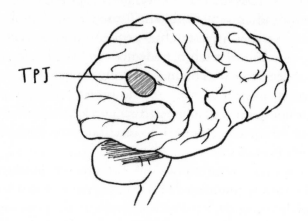

TPJ

La TPJ derecha desempeña un papel destacado cuando se trata de entender lo que pasa por la cabeza de otro. Si vemos una situación o un problema como lo vería otra persona, el TPJ derecho llega a ser activo y funciona con áreas de la corteza prefrontal, justo detrás de la frente, para permitirnos empatizar con los demás. Estas y otras áreas forman parte de lo que se conoce como «circuito mentalizador», pues están implicadas en la visión de la mente, esto es, *mindsight*, ver la mente de los otros, ¡incluso la nuestra! Podemos crear la visión de la mente en nuestros hijos mientras los orientamos hacia la percepción, la empatía y el pensamiento moral. La empatía afecta a nuestra vida moral y relacional de maneras significativas y básicas, desde luego. Estamos dispuestos a dejar pasar algo a alguien si no tenía mala intención. Estamos dispuestos a conceder el beneficio de la duda si confiamos en los motivos del otro.

No obstante, un niño, que todavía está desarrollándose y cuyo cerebro superior —que incluye la TPJ derecha y las regiones prefrontales— sigue en construcción, a menudo será incapaz de plantearse motivos e intenciones al examinar un problema o situación. Las decisiones éticas serán más del estilo «blanco o negro», y las preocupaciones por temas como la justicia o la equidad, mucho más nítidas. Nina, por ejemplo, no tenía interés alguno en discutir la información contextual sobre lo cerca que estaba la escuela de su hermana del lugar de trabajo de su madre. Este elemento factual, lógico, era irrelevante para ella. Solo le importaba que su hermana había ido con su madre el día anterior, y la equidad dictaba que hoy le tocaba a ella. Así pues, para entender el punto de vista de su hija, Liz tenía que entender que Nina contemplaba los acontecimientos con la lente de su cerebro superior todavía en crecimiento, que no siempre era capaz de tener en cuenta la información situacional o contextual.

Como explicaremos en próximos capítulos, cuando utilizamos nuestros circuitos de *mindsight* para percibir la mente que subyace a la conducta de los niños, moldeamos para ellos el modo de detectar la mente dentro de sí mismos y en los demás. La visión de la mente es una destreza enseñable, clave en la condición de empático y perceptivo, compasivo y moral. Es la base de la inteligencia social y emocional, y podemos modelarla para nuestros niños al tiempo que guiamos el desarrollo de su cerebro.

La cuestión es que cuando educamos a los hijos, y sobre todo cuando les imponemos disciplina, hemos de esforzarnos mucho para comprender sus puntos de vista, su fase de desarrollo y aquello de lo que en última instancia son capaces. Así usamos nuestras destrezas de *mindsight* para ver la mente tras la conducta de los hijos. No reaccionamos sin más ante sus acciones externas, sino que nos sintonizamos con el proceso mental que subyace al comportamiento. También debemos recordar que los niños no siempre son capaces de lo mismo; su capacidad cambia cuando se sienten cansados, tienen hambre o están abrumados. Comprender este cerebro C concreto, que el cerebro está cambiando y se halla aún en fase de desarrollo, puede llevarnos a un punto donde podremos escuchar a nuestros hijos con más comprensión y compasión, y entender más a fondo por qué están alterados y les cuesta tanto controlarse. En pocas palabras, sería injusto presuponer que nuestros hijos están tomando decisiones mediante un cerebro plenamente formado y en perfecto funcionamiento y que pueden ver el mundo como nosotros.

Pensemos en la lista de funciones de la que es responsable el cerebro superior. ¿Es una descripción realista del carácter de un niño? Nos encantaría que nuestros hijos demostrasen tener estas cualidades en todos y cada uno de los momentos de su vida, *por supuesto*. A todos nos gustaría un hijo que planeara las cosas de antemano y tomara decisiones acertadas de forma sistemática, que controlara sus emociones y su cuerpo, que demostrara tolerancia, empatía y autoconocimiento, y que actuara movido por un sólido sentido de la moralidad. Pero esto no va a pasar. Al menos no siempre. Según quién sea el niño y su edad, quizá ni siquiera con frecuencia.

Entonces, ¿tenemos aquí una excusa para la mala conducta? ¿Se trata tan solo de hacer la vista gorda cuando los niños se portan mal? No, claro que no. En realidad, el cerebro en desarrollo del niño es simplemente otra razón por la que hemos de fijar límites claros y ayudarle a comprender lo que es aceptable. El hecho de no tener un cerebro superior que funcione de manera coherente, que establezca restricciones *internas* rectoras de su conducta, significa precisamente que necesita restricciones *externas*. Y es fácil adivinar de dónde han de proceder dichas restricciones: de los padres y otros cuidadores, así como de las pautas y expectativas que estos transmitan. *Hemos de ayudar a desarrollar el cerebro superior de los niños —junto con todas las destrezas que este posibilita— y, mientras lo hacemos, acaso tengamos que actuar como un cerebro superior externo, trabajando con ellos y ayudándoles a tomar decisiones que aún no son del todo capaces de tomar por sí mismos.*

Pronto ahondaremos más en esta idea y propondremos sugerencias para llevarla a la práctica. De momento, sin embargo, tengamos simplemente presente este cerebro C inicial: como el cerebro de un niño está cambiando y desarrollándose, es preciso rebajar nuestras expectativas y entender que los desafíos emocionales y de comportamiento serán lo habitual. Debemos enseñar y esperar una conducta respetuosa, desde luego. Pero, al hacerlo, hemos de tener siempre muy presente que el cerebro del niño está en desarrollo y, por lo tanto, es cambiante. En cuanto comprendamos y aceptemos esta realidad fundamental, seremos mucho más capaces de reaccionar de una forma que respete al niño y la relación al tiempo que seguimos ocupándonos de cualquier conducta que merezca nuestra atención.

«C CEREBRAL» N.º 2: EL CEREBRO ES CAMBIABLE

La segunda C cerebral resulta de lo más estimulante y ofrece esperanza a los padres: el cerebro no es solo cambiante —se desarrolla con el tiempo—, sino también cambiable —puede ser moldeado de forma intencional mediante la experiencia—. Si hace poco has leído algo sobre el cerebro, seguramente te habrás topado con el concepto de «neuroplasticidad», que se refiere al modo en que el cerebro cambia físicamente con arreglo a las experiencias que vamos acumulando. Tal como lo expresan los científicos, el cerebro es plástico, o moldeable. En efecto, la arquitectura física real del cerebro cambia en función de lo que nos sucede.

Quizás hayas oído algo sobre estudios científicos que hablan de neuroplasticidad. En *El cerebro del niño* mencionamos una serie de investigaciones en las que se ponía de manifiesto que determinados animales —los que dependen de su audición para cazar— tienen los centros auditivos cerebrales agrandados. También presentamos algunos estudios según los cuales, en los violinistas, las regiones de la corteza que representan la mano izquierda —que toca las cuerdas del instrumento a una velocidad inaudita— son más grandes de lo normal.

Según otros estudios recientes, los niños que aprenden a leer música y a tocar el teclado experimentan cambios significativos en el cerebro y tienen una capacidad superior para lo que se conoce como «cartografía sensoriomotora espacial». En otras palabras, cuando aprenden siquiera los rudimentos de tocar el piano, su cerebro se desarrolla de forma distinta en comparación con los otros niños, de modo que son capaces de entender mejor su propio cuerpo en relación con los objetos circundantes. Hemos observado resultados similares en estudios con personas que actúan de mediadoras. Los ejercicios de *mindfulness* —atención y conciencia plena— producen cambios en las conexiones cerebrales, que afectan considerablemente a la capacidad de una persona para interaccionar con otras y adaptarse a situaciones difíciles.

Como es lógico, esto no equivale a decir que todos los niños deban ir a clases de piano o que todas las personas tengan que mediar (¡aunque no disuadiríamos a nadie de ninguna de las dos actividades!). La clave está en que la experiencia de las clases, como la de participar en ejercicios de *mindfulness* (o tocar el violín, incluso practicar kárate), modifica fundamental

LA EXPERIENCIA CAMBIA LITERALMENTE EL CEREBRO

y físicamente el cerebro plástico, sobre todo mientras está desarrollándose en la infancia y la adolescencia, pero también durante a lo largo de la vida. Veamos un ejemplo más extremo: una persona que haya sufrido abusos en la primera infancia puede ser más vulnerable a las enfermedades mentales en fases posteriores de la vida. Ciertos estudios recientes han utilizado imágenes de resonancia magnética funcional (RMf), o escáneres cerebrales, para descubrir cambios específicos en determinadas áreas de lo que conocemos como «hipocampo» en el cerebro de adultos jóvenes que han sufrido abusos. Dichos individuos muestran índices superiores de depresión, adicción y trastorno de estrés postraumático (PTSD, por sus siglas en inglés). En esencia, su cerebro ha cambiado en respuesta al trauma vivido siendo pequeños.

La neuroplasticidad tiene enormes repercusiones para nuestro papel como padres. *Si las experiencias repetidas cambian realmente la arquitectura física del cerebro, es primordial que seamos intencionales respecto de las experiencias que damos a nuestros hijos.* Piensa en las maneras de interactuar con tus hijos. ¿Cómo te comunicas con ellos? ¿Cómo les ayudas a reflexionar acerca de sus acciones y su conducta? ¿Qué les enseñas sobre las relaciones, sobre respeto, confianza y esfuerzo? ¿Qué oportunidades les ofreces? ¿Qué personas importantes has introducido en su vida? Todo lo que ellos ven, oyen, sienten, tocan o incluso huelen causa un impacto en su cerebro, por lo que influye en su manera de contemplar e interaccionar con el mundo, incluyendo aquí familia, vecinos, desconocidos, amigos, compañeros de clase e incluso ellos mismos.

Todo esto se produce en el nivel celular, en las neuronas y las conexiones entre las células cerebrales, denominadas «sinapsis». Los neurocientíficos expresan la idea con la frase «las neuronas que se activan juntas permanecen conectadas».

LAS NEURONAS QUE SE ACTIVAN JUNTAS PERMANECEN CONECTADAS

Esta expresión, conocida como «regla de Hebb», que toma el nombre del neuropsicólogo canadiense Donald Hebb, explica en esencia que cuando diversas neuronas se activan al mismo tiempo en respuesta a una experiencia, acaban conectadas entre sí formando una red. Y cuando una experiencia se repite una y otra vez, intensifica y refuerza las conexiones entre estas neuronas. Por eso, si se activan juntas, acaban conectadas.

El famoso psicólogo Iván Pávlov estaba comenzando a aceptar esta idea cuando observó que sus perros salivaban no solo cuando aparecía comida real delante de ellos, sino también cuando sonaba la campanilla que los llamaba a comer. Las «neuronas de la salivación» de los perros llegaron a estar conectadas funcionalmente a las «neuronas de la campanilla». Aparece otro ejemplo del mundo animal cada vez que los Giants de San Francisco juegan un partido nocturno en el AT&T Park. Al final de cada encuentro aparecen grupos de gaviotas, listas para un festín de restos de perritos calientes, cacahuetes y palomitas en cuanto se vacía el estadio situado junto a la bahía. Los biólogos se quedan perplejos al ver la exactitud con que las aves controlan el tiempo de su llegada, para la novena entrada. ¿Es por el mayor ruido del público? ¿Por los focos? ¿Por el órgano que interpreta *Take Me Out to the Ball Game* en el descanso de la séptima entrada? Sea como fuere, una cosa parece clara: las aves han sido condicionadas para esperar comida tan pronto como finalice el partido. Ciertas neuronas se han activado juntas y posteriormente han quedado conectadas.

La regla de Hebb es lo que explica que un niño pequeño levante las manos y diga «¿te suba?» cuando quiere que le cojan. Él apenas entiende el significado de las palabras y obviamente aún no sabe cómo funcionan los pronombres. Pero sabe que, cuando se le dice «¿quieres que te suba?», lo levantan del suelo. Así pues, cuando quiere que le cojan, dice «¿te suba?». Activación y conexión.

El que una serie de neuronas estén conectadas puede ser algo bueno. Una experiencia positiva con un profesor de matemáticas puede dar origen a conexiones neurales que vinculen matemáticas y placer, logro y satisfacción con uno mismo como alumno. Pero también puede ocurrir lo contrario. Las experiencias negativas con un profesor severo o un examen cronometrado y la ansiedad que lo acompaña pueden establecer conexiones cerebrales que supongan obstáculos importantes para disfrutar no solo de las matemáticas y los números, sino también de los exámenes y la escuela en general.

La cuestión es sencilla pero crucial: las experiencias provocan cambios en la arquitectura cerebral. Así pues, desde un punto de vista práctico, queremos tener presente la neuroplasticidad al tomar decisiones sobre cómo interaccionamos con los niños y a qué dedican ellos el tiempo. Queremos tener en cuenta qué conexiones neurales están formándose y cómo evolucionarán.

Por ejemplo, ¿qué películas quieres que vean tus hijos, y a qué actividades quieres que dediquen su tiempo libre? Sabiendo que el cerebro plástico resulta alterado por la experiencia, quizá no nos gustará mucho que pasen horas viendo determinados programas de televisión o entretenidos con videojuegos violentos. Tal vez preferiremos que los niños participen en actividades que generen capacidad para las relaciones y el conocimiento de otras personas, ya sea salir con amigos, jugar con la familia o practicar deportes y otras actividades grupales que exijan co-

laborar en equipo. Podemos incluso crear a propósito tiempo para el aburrimiento en un día de verano, para que así tengan que ir al garaje y ver qué diversión interesante pueden inventar con una polea, un trozo de cuerda y un rollo de cinta adhesiva. (Si alguien escribe en Google la frase «cómo hacer un paracaídas con cinta adhesiva», quizá quiera romper el tablero del Monopoly.)

No podemos, ni queremos, proteger o rescatar a nuestros hijos de todas las adversidades y experiencias negativas. Estas experiencias constituyen una parte importante del crecimiento y del desarrollo de la resiliencia, así como de la adquisición de las habilidades internas necesarias para afrontar el estrés y el fracaso y responder con flexibilidad. Lo que podemos hacer es ayudar a nuestros hijos a dotar de sentido a sus vivencias para que estos retos tengan más probabilidades de ser codificados conscientemente en el cerebro como «experiencias de aprendizaje», más que como asociaciones inconscientes o incluso traumas que los limiten en el futuro. Cuando los padres analizan experiencias y recuerdos con sus hijos, estos suelen acceder mejor a los recuerdos de los episodios. Los niños cuyos padres les hablan de sus sentimientos también desarrollan una inteligencia emocional más sólida, por lo que tienen más facilidad para percibir y comprender sus propios sentimientos y los de los demás. Las neuronas que se activan juntas permanecen conectadas, cambiando el cerebro cambiable.

Todo vuelve a la cuestión de que el cerebro cambia en respuesta a la experiencia. ¿Qué experiencia de tus hijos quieres que afecte a su cerebro cambiable? ¿Qué conexiones cerebrales quieres alimentar? Y centrándonos más en el tema del libro: sabiendo que el cerebro de un niño es cambiable, ¿cómo quieres responder a la mala conducta? Después de todo, las repetidas experiencias de tus hijos con la disciplina también estarán estableciendo conexiones en su cerebro.

«C CEREBRAL» N.º 3: EL CEREBRO
ES COMPLEJO

De modo que el cerebro es cambiante y cambiable. Y es también complejo, nuestra tercera «C cerebral». El cerebro es polifacético, y posee diferentes áreas responsables de distintas tareas. Unas son responsables de la memoria, otras del lenguaje, otras de la empatía, y así sucesivamente.

Esta tercera C cerebral es una de las realidades más importantes que tener en cuenta al hablar de disciplina. La complejidad del cerebro significa que cuando los niños están alterados, o cuando están comportándose de una manera que no nos gusta, podemos apelar a diferentes «áreas» de su cerebro, a diferentes regiones y maneras de funcionar, con distintas respuestas parentales que activan circuitos diferentes. Por tanto, podemos recurrir a una parte del cerebro para obtener un resultado y a otra para obtener otro.

Volvamos a los cerebros superior e inferior. Por ejemplo, si tu hijo está desmoronándose y perdiendo el control, ¿a qué parte del cerebro preferirías recurrir? ¿A la primitiva y reactiva? ¿O a la sofisticada y capaz de pensar con lógica, compasión y autoconocimiento? ¿Intentamos conectar con la que reacciona como haría un reptil —mediante una actitud defensiva y ataques— o con la que tiene el potencial de tranquilizar, resolver problemas e incluso pedir disculpas? La respuesta salta a la vista. Preferimos contar con la receptividad del cerebro superior a desencadenar la reactividad del cerebro inferior. Así, las partes cerebrales superiores podrán comunicarse y ayudar a anular las inferiores, más impulsivas y reactivas.

Cuando imponemos disciplina con amenazas —sea de manera explícita, mediante palabras, o implícita, mediante mensa-

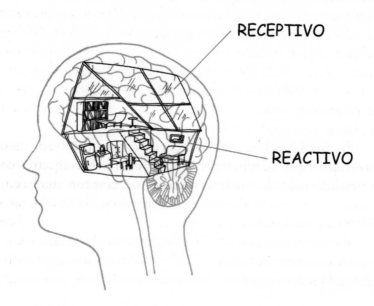

RECEPTIVO

REACTIVO

jes intimidantes no verbales como el tono, la postura o las expresiones faciales—, activamos los circuitos defensivos del cerebro inferior, reptiliano y reactivo del niño. A esto lo llamamos «provocar a la lagartija», y no lo recomendamos porque casi siempre produce una intensificación de las emociones, tanto en el hijo como en el padre. Cuando tu hijo de tres años sufre una rabieta en el súper, y tú te plantas delante y le señalas con el dedo y apretando los dientes le dices que «ya basta», estás provocando a la lagartija. Estás originando una reacción del cerebro inferior, algo que casi nunca conduce a una solución productiva para ninguno de los involucrados. El sistema sensorial de tu hijo asimila tus palabras y tu lenguaje corporal y detecta *amenaza*, un mensaje que desde el punto de vista biológico activa los circuitos neurales que le permiten sobrevivir a una amenaza procedente del entorno: luchar, huir, quedarse quieto o desmayarse. Su cerebro inferior entra en acción, preparándose para reaccionar deprisa en vez de contemplar alternativas en un estado más sensible y receptivo. Sus músculos acaso se tensen mientras se dispone a defenderse y, si es preciso, atacar con la inmovilidad y la lucha. O tal vez escape o se desplome en una respuesta de desmayo. Cada una de estas respuestas es una forma de reaccionar del cerebro inferior. Mientras ocurre esto, el pensamiento, los circuitos racionales de autocontrol del cerebro superior, están desconectados, no disponibles en este momento. Aquí está la clave: no podemos hallarnos al mismo tiempo en el estado reactivo —procedente del cerebro inferior— y en el estado receptivo —procedente del superior—. La reactividad de abajo es dominante.

En esta situación, puedes recurrir al más sofisticado cerebro superior de tu hijo y permitirle frenar al más reactivo cerebro inferior. Si le muestras respeto, lo tratas con mucha empatía y permaneces abierto a las discusiones cooperativas y reflexivas, no transmites «ninguna amenaza», por lo que el cerebro reptiliano puede relajar su reactividad. Al hacer esto, activas los circuitos superiores, incluida la importantísima corteza prefrontal, responsable de la toma tranquila de decisiones y del control de las emociones y los impulsos. Así es como pasamos de la reactividad a la receptividad. Y esto es lo que queremos enseñar a nuestros hijos.

Así pues, en vez de exigir con dureza a tu hijo de cinco años que se tranquilice, puedes ayudar a calmar y sosegar el cerebro inferior y activar el cerebro superior invitándole con tacto a estar físicamente cerca de ti al tiempo que escuchas sus razones para sentirse alterado. (Si estás en un lugar público y tu hijo se dedica a molestar a todo el mundo, quizás haga falta sacarlo a la calle mientras intentas apelar a su cerebro superior.)

Ciertas investigaciones respaldan esta estrategia de implicar al cerebro de arriba en vez de enfurecer al de abajo. Por ejemplo, hemos visto que cuando se le enseña a alguien la foto de una cara enfadada o asustada, se incrementa la actividad en una región del cerebro inferior denominada «amígdala», responsable del procesamiento y la expresión rápida de las emociones fuertes, sobre todo la ira y el miedo. Uno de los principales cometidos de la amígdala es permanecer alerta y hacer sonar una alarma cada vez que estamos bajo amenaza, lo que nos permite actuar con presteza. Curiosamente, la mera visión de la fotografía de una persona que exprese enfado o miedo hace que se active la amígdala del observador. De hecho, aunque el observador vea la foto tan rápidamente que no llega a ser cons-

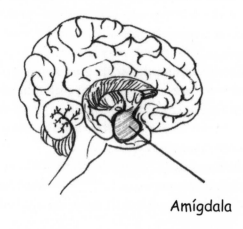

Amígdala

ciente de la imagen, la amígdala resulta activada por una reacción subliminal, instintiva y emocional.

En el estudio hay algo aún más fascinante: cuando se pedía a los observadores que calificaran la emoción de la imagen, y la clasificaran como «miedo» o «enfado», su amígdala se volvía inmediatamente menos activa. ¿Por qué? Porque parte del cerebro superior —una parte denominada «corteza prefrontal ventrolateral»— se hacía cargo de atribuir una palabra a la imagen y luego procesaba la emoción, lo cual permitía a la parte reflexiva, analítica, del cerebro asumir el control y tranquilizar las irritadas regiones inferiores en vez de permitir que el cerebro de abajo, emocional y reactivo, dominara y dictara los sentimientos y las respuestas de la persona. Es el ejemplo clásico de la estrategia «nombrar para dominar» que vimos con detalle en *El cerebro del niño*. Mediante el mero hecho de nombrar la emoción, una persona nota que disminuyen sus niveles de miedo y enfado. Es así como el cerebro superior tranquiliza al inferior. Y se trata de una destreza que puede durar toda una vida.

Esto es lo que queremos hacer cuando los niños están alterados y se comportan mal: ayudarles a involucrar al cerebro superior. De hecho, la parte prefrontal de este cerebro posee unas fibras relajantes que calman las regiones inferiores cuando estas se muestran reactivas. La clave es que estas fibras se desarrollen bien en nuestros hijos y activarlas en un momento de aflicción conectando primero antes de redirigir. Queremos que los niños adquieran la habilidad interna de poner fin a la rabieta y reflexionar sobre lo que está pasando en su interior.

Recordemos las funciones del cerebro superior: toma de buenas decisiones, control de las emociones y el cuerpo, flexibilidad, empatía, autoconocimiento y moralidad. Estos son los aspectos del carácter de nuestros hijos que queremos desarrollar, ¿de acuerdo? Como decíamos en *El cerebro del niño*, queremos comprometer al cerebro superior, no enfurecer al inferior. Implicar, no irritar. Cuando irritamos al cerebro inferior, suele ser porque la amígdala también está activándose. Y adivina qué quiere hacer la amígdala. ¡Ganar! Así, cuando las respecti-

EN VEZ DE ENFURECER AL CEREBRO INFERIOR...

IMPLICA AL CEREBRO SUPERIOR

vas amígdalas de padre e hijo están activándose a una velocidad máxima, buscando ambas la victoria, prácticamente siempre es una batalla en la que ambos bandos salen perdiendo. No gana nadie, y el campo de batalla acaba sembrado de víctimas relacionales. Todo porque irritamos al cerebro inferior en vez de implicar al superior.

Por utilizar una metáfora diferente, es como si tuvieras un mando a distancia para tu hijo y, por tanto, la capacidad, al menos hasta cierto punto, de determinar el tipo de respuesta que recibirás cuando interaccionéis los dos. Si pulsas el botón de implicar —el de «calmar y pensar»—, apelas al cerebro superior, lo que activa una respuesta tranquilizadora. En cambio, si pulsas el de enfurecer —el de «perder los papeles e intensificar las emociones»— mediante amenazas y exigencias, en la práctica estás suplicando que se ponga en marcha la parte pendenciera del cerebro. Si provocas a la lagartija, obtienes una respuesta reactiva, reptiliana. Tú decides qué botón pulsas.

Recordemos que nada de esto exime a los padres de la responsabilidad de establecer límites y comunicar expectativas de forma clara. En las siguientes páginas te daremos montones de sugerencias para ello. En cualquier caso, cuando se trate de fijar los límites y transmitir las expectativas, harás las cosas mucho más fáciles para ti, para tu hijo y para quien esté a tiro de piedra si recurres al yo receptivo y más sensato del niño y a su cerebro superior, en contraposición a la reactividad de lagartija y al cerebro inferior.

Más fascinante todavía es lo que pasa *después* de haber apelado al cerebro superior. Cuando este se implica de forma repetida, se hace más fuerte. Las neuronas que se activan juntas permanecen conectadas. Así pues, cuando un niño se halla en un estado mental alterado e invitamos al cerebro superior a estar activo, creamos un vínculo funcional entre el estado desregulado y una activación de la parte cerebral que devuelve al niño a un estado bien regulado. Y probablemente también contribuimos a desarrollar las fibras relajantes que se extienden desde el cerebro superior prefrontal hasta el inferior.

BATALLA DE LA AMÍGDALA: NO GANA NADIE

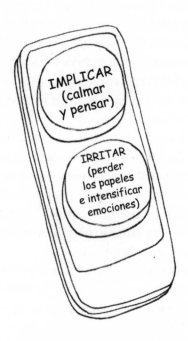

Esto significa que, cuanto más recurramos a la naturaleza integrada de nuestro hijo —cuanto más le indiquemos que piense antes de actuar o tenga en cuenta los sentimientos del otro, cuanto más le pidamos que actúe de forma ética y empática—, más usará el cerebro superior y más fuerte será este, pues estará creando conexiones y volviéndose más integrado con las áreas de abajo. El uso del cerebro superior será cada vez más su vía de acceso, su opción automática por defecto, incluso cuando las emociones estén disparadas. Como consecuencia de ello, el niño será cada vez más capaz de tomar buenas decisiones, de manejar sus emociones y de sentir afecto por los demás.

APLICACIÓN DE LAS C CEREBRALES

Hablemos ahora de cómo se comportan las tres C cerebrales —cambiante, cambiable y complejo— al entrar en acción. Cuando Nina se puso frenética en el porche, la primera reacción de Liz fue explicarle de manera lógica cómo se habían tomado las decisiones relativas al transporte: «La escuela de tu hermana está justo al lado de mi trabajo.» Habría podido decir a continuación que Tim tenía más tiempo para llevar a Nina a su colegio, y que justo el día anterior Nina había pedido estar más tiempo con su padre. Todas estas afirmaciones eran ciertas y racionales.

No obstante, como hemos dicho, cuando un niño está en pleno colapso, la lógica suele ser ineficaz, a veces incluso contraproducente. Esto es lo que Liz advirtió mientras miraba a su enfurecida hija. En efecto, reparó en la primera de las tres C cerebrales: el cerebro de Nina estaba *cambiando*. Estaba desarrollándose. No estaba desarrollado, sino *desarrollándose*. Lo cual significaba que Liz tendría que ser paciente con su pequeña y no esperar de ella que se controlara coherentemente como un adulto, ni siquiera como una niña de más edad. Respiró hondo y se esforzó por mantener la calma pese a la tensión producida por la poco razonable niña de cuatro años, la impaciente de siete y el implacable tictac del reloj.

En esta coyuntura, tenía la misma importancia la segunda C cerebral: el cerebro es *cambiable*. Liz entendió que el modo en que ella y su esposo afrontaban cada situación con las niñas establecía conexiones en los cerebros en desarrollo de estas, para bien o para mal. Así, en ese momento de conciencia, Liz se resistió al impulso que sentía: agarrar a toda prisa, incluso con gesto agresivo, a su quejumbrosa hija, marchar enérgicamente hasta el coche de Tim, sujetarla al asiento y cerrar la puerta con estrépito.

Por cierto, si te reconoces en la descripción de cómo la enojada Liz quería resolver la situación, no estás solo. Nos ha pasado a todos. (Véase «Cuando un experto en estilos parentales pierde los estribos» al final del libro.) Los padres afectuosos suelen condenarse a sí mismos por el menor error cometido, o por todas las oportunidades perdidas para abordar un momento difícil desde una perspectiva de Cerebro Pleno. Te instamos a escuchar esta crítica interna solo el tiempo necesario para adquirir cierta conciencia del asunto y hacerlo mejor la próxima vez, pero luego debes ser generoso e indulgente contigo mismo. Quieres hacer todo lo posible por tus hijos, desde luego. Sin embargo, como explicaremos con detalle en la conclusión del libro, incluso los errores parentales pueden ser de gran valor para los hijos: podemos enseñarles que somos humanos, y que podemos asumir responsabilidades por lo que pasa y reparar el daño cometido. Es una experiencia didáctica esencial para todos los niños.

Liz era humana y madre, por lo que naturalmente cometía su cuota de errores, como todos. Sin embargo, en este caso impuso disciplina mediante un enfoque de Cerebro Pleno, Sin Lágrimas, y tomó la decisión intencional de aguardar un momento y acompañar emocionalmente a su hija pequeña. A estas alturas, la familia ya iba con retraso. Pero Liz comprendió que aunque los sentimientos de Nina parecían impostados, eran reales. La niña necesitaba a su madre en ese preciso instante. Por ello, Liz rechazó el impulso de hacer lo más fácil y rápido, y de nuevo atrajo a la niña hacia sí.

En cuanto a la manera específica de responder a la situación, aquí es donde interviene la tercera C cerebral: el cerebro es *complejo*. Liz conocía a su hija lo bastante para saber que no debía irritar al cerebro inferior, ya muy activo. En vez de ello, necesitaba implicar al superior. De todos modos, el primer paso debía ser la conexión. Antes de redirigir, siempre conectamos. Esto es lo que hizo Liz al abrazar a la niña. Vale, tenía prisa, pero no pasaría nada positivo hasta que Nina se tranquilizara un poco, lo cual no tardó mucho en ocurrir en cuanto estuvo en brazos de su madre. En cuestión de unos segundos, Liz notó que Nina respiraba hondo y su cuerpecito empezaba a relajarse.

Si Nina fuera hija tuya, quizás habrías resuelto la situación de una manera a escoger entre varias, en función de tu estilo y tu temperamento. Como Liz, tu primer objetivo seguramente habría sido intentar ayudar a tu hija a serenarse, para que su cerebro superior volviera a activarse y ella atendiera a razones. Quizá le prometieras que al día siguiente te levantarías más temprano para tener tiempo de llevarla tú a la escuela. O acaso le aseguraras que pedirías permiso al jefe para salir antes del trabajo y poder así recogerla y luego pasar un rato especial a solas las dos. O tal vez le propusieras contarle un cuento con el teléfono de manos libres de tu coche mientras su padre la acompañaba a la escuela.

Resulta que Liz intentó varias de estas estrategias, todas en vano. Nada de todo ello dio resultado. Nina no quería saber nada.

¿Te alegra que no hayamos utilizado un ejemplo en que esta situación se resolviera bien y sin problemas? Seguramente te tranquiliza porque sabes que no siempre funciona así. Con independencia de la habilidad con que afrontemos la situación, y de los conocimientos que tengamos sobre aspectos tan importantes como las tres C cerebrales, a veces los niños no hacen las cosas como a nosotros nos gustaría. No recogen los juguetes. Los hermanos no se piden automáticamente disculpas. No se calman. Exactamente lo que ha pasado aquí. Nina no colaboraba. Atender a sus sentimientos, abrazarla, proponer un plan... No funcionaba nada.

A pesar de todo ello, Liz tenía que ir a trabajar igualmente, y las niñas debían ir a la escuela. De modo que, permaneciendo tranquila y empática —nuestro objetivo—, explicó que debían marcharse y que esa mañana Tim la llevaría a la escuela tal como estaba previsto: «Sé que estás triste, y entiendo que quieras venir conmigo. A mí también me gustaría que vinieras. Pero hoy esto no podrá ser. ¿Subes tú sola al coche o quieres que papá te ayude? Papá te consolará camino del cole. Te quiero. Nos vemos por la tarde.» Y así fue como terminó la situación del porche, con Tim llevando en brazos al coche a la sollozante Nina.

Fijémonos en lo ocurrido. La Disciplina sin Lágrimas no garantiza que tus hijos vayan a actuar como tú desearías cada vez que abordas su conducta. Por supuesto, el enfoque de Cerebro Pleno te brinda más posibilidades de alcanzar el objetivo a corto plazo de estimular la cooperación en tus hijos. También ayuda a eliminar, o al menos reducir, las emociones más explosivas de la situación, reduciendo la tensión y, en consecuencia, evitando el daño y el dolor que resultan cuando un padre grita o personaliza el asunto. Sin embargo, esto no *siempre* conducirá a la conducta que tú esperas. Al fin y al cabo los niños son seres humanos, con sus propios deseos, emociones y agendas, no ordenadores programados para hacer lo que nosotros deseamos. De todos modos, como sin duda admitirás tras leer los capítulos siguientes, al menos la Disciplina sin Lágrimas te ofrece mejores oportunidades para comunicarte con tus hijos, de maneras que satisfagan a todos, generen confianza y respeto mutuos, y reduzcan la tensión en la mayoría de los episodios disciplinarios.

Es más, un enfoque de Cerebro Pleno procura un medio para demostrar a nuestros hijos lo mucho que les amamos y respetamos, incluso cuando estamos imponiéndoles disciplina. Ellos saben —y nosotros lo reafirmamos una y otra vez a lo largo de su vida— que cuando se sienten alterados o se comportan de forma inapropiada vamos a estar a su lado. Y con ellos. Cuando estén afligidos, no les daremos la espalda ni los rechazaremos.

No decimos, ni siquiera damos a entender, que su felicidad sea una condición que deben satisfacer para recibir nuestro amor. *La Disciplina sin Lágrimas nos permite comunicar a nuestros hijos esto: «Estoy contigo. Tienes mi apoyo. Incluso cuando estás enfadado y no me gusta tu manera de actuar, te quiero, y estoy a tu lado. Entiendo que lo estás pasando mal y aquí me tienes.»* Ningún padre es capaz de transmitir este mensaje siempre y en todas las circunstancias. Pero sí podemos enviarlo de forma repetida y sistemática, para que en la mente de los niños no haya nunca dudas.

Esta clase de disciplina previsible, sensible, cariñosa, relacional, permite a los niños sentirse seguros. Gracias a ello, tienen la libertad de llegar a ser individuos independientes, con las conexiones cerebrales necesarias para estudiar detenidamente las decisiones, comprender lo que sienten realmente ante una situación, tener en cuenta las perspectivas de los demás y llegar por sí mismos a una conclusión sensata. En otras palabras, las experiencias de la seguridad emocional y física les conceden la capacidad para actuar de manera responsable y tomar decisiones correctas. En cambio, el estilo parental centrado en el control y el miedo subraya que un niño debe acatar la disciplina en todo momento, y en consecuencia debilita esta sensación de seguridad. Si un niño vive con la constante preocupación de que si se porta mal sus padres se enfadarán y será castigado, no sentirá la libertad de hacer todas las cosas que desarrollan y fortalecen su cerebro superior: tener en consideración los sentimientos de los otros, explorar acciones alternativas, comprenderse a sí mismo o intentar tomar la mejor decisión en un contexto concreto. No queremos que la disciplina impulse a los niños a concentrar toda su energía y sus recursos neurales en hacernos felices a nosotros o a no meterse en líos. Lo que deseamos en realidad es que nuestra disciplina sirva para que se desarrolle su cerebro superior. Y esto es precisamente lo que hace la Disciplina sin Lágrimas.

LA DISCIPLINA SIN LÁGRIMAS
CREA EL CEREBRO

Las tres C cerebrales llevan a una conclusión crucial e innegable, la idea principal de este capítulo: en realidad, la Disciplina sin Lágrimas ayuda a construir el cerebro. Así es. No es solo que un enfoque de Cerebro Pleno permita aliviar situaciones difíciles y tensas con tus hijos, o que te ayude a crear tu relación con ellos a medida que comunicas con mayor claridad lo mucho que les quieres y que están seguros, aunque establezcas límites en su conducta. Todo esto es verdad; los principios y estrategias que explicaremos en las próximas páginas ofrecen realmente todas estas ventajas, con lo cual tu vida cotidiana resultará más fácil y menos estresante al tiempo que alimentas la relación con tu hijo.

Sin embargo, más allá de todo esto, la Disciplina sin Lágrimas construye de veras el cerebro del niño. Fortalece las conexiones neurales entre las partes cerebrales superior e inferior, conexiones que dan lugar a percepción personal, responsabilidad, toma de decisiones flexibles, empatía y moralidad. La explicación es que cuando ayudamos a reforzar las fibras conectivas entre arriba y abajo, las porciones superiores del cerebro se comunican con los impulsos primitivos del niño y los neutralizan cada vez con más frecuencia. Y nuestras decisiones disciplinarias ayudan a determinar lo fuertes que son estas conexiones. *El modo en que interaccionamos con nuestros hijos cuando están alterados afecta considerablemente al desarrollo de su cerebro, y por tanto al tipo de personas que son ahora y serán en los años venideros.* En efecto, nuestra forma de comunicación con los niños tiene impacto en sus destrezas internas, ¡que están incrustadas en las conexiones de su cambiante, cambiable y complejo cerebro!

Si lo pensamos, todo resulta sumamente lógico. Cada vez que procuramos a un niño la experiencia de ejercitar su cerebro superior, este se vuelve más fuerte y más desarrollado. Si le formulamos al niño preguntas que crean percepción en su interior, se vuelve más profundo y perspicaz.

Cuando la animamos a ponerse en el lugar de otro, se vuelve más empática.

Cuando brindamos al niño la oportunidad de *decidir* cómo debe actuar, más que decirle sin más lo que ha de hacer, se vuelve una persona más responsable a la hora de tomar decisiones.

Este es uno de los objetivos fundamentales de la crianza de los hijos, ¿no? Que los niños sean más empáticos, perspicaces y capaces de tomar buenas decisiones *por su cuenta*. Ya conoces el viejo refrán: «Dale a un hombre un pez y comerá un día; enséñale a pescar y comerá toda la vida.» El objetivo primordial no es que los niños hagan lo que nosotros queramos que hagan porque estamos vigilándoles o diciéndoles lo que deben hacer. (Después de todo, esto sería bastante poco práctico, a menos que pensemos vivir y estar con ellos durante el resto de su vida.) Lo que deseamos más bien es conseguir que aprendan a tomar decisiones positivas y productivas por sí mismos en cualquier trance en el que se vean. Y esto significa que hemos de considerar los momentos de mala conducta como oportunidades para procurarles prácticas de creación de destrezas importantes y hacer que estas experiencias establezcan conexiones en su cerebro.

ESTABLECER LÍMITES PARA CONSTRUIR EL CEREBRO

Este enfoque puede cambiar totalmente el modo de observar las oportunidades que tenemos para ayudar a nuestros pequeños a tomar mejores decisiones. Cuando fijamos límites, ayudamos a desarrollar las partes del cerebro superior que permiten a los niños controlarse y regular sus conductas y su cuerpo.

Una forma de verlo es que estamos ayudando a los niños a desarrollar la capacidad para moverse entre los diferentes aspectos de lo que denominamos «sistema nervioso autónomo», una parte del cual es la rama simpática, que es como el «acelerador» del sistema. Al igual que el pedal del acelerador de un coche, hace que reaccionemos con energía ante impulsos y situaciones, pues prepara el cuerpo para la acción. La otra parte es la rama parasimpática, que, a modo de «frenos» del sistema, nos permite parar y regularnos, para controlar los impulsos. Mantener el acelerador y los frenos en equilibrio es determinante para la regulación emocional, por lo que cuando animamos a los niños a desarrollar la capacidad de controlarse a sí mismos incluso estando alterados, estamos ayudándoles a aprender a equilibrar estas dos ramas del sistema nervioso autónomo.

En términos de estricto funcionamiento cerebral, a veces un acelerador activado (que podría traducirse en acciones impulsivas e inadecuadas del niño) seguido por un uso repentino de los frenos (en forma de establecimiento de límites por parte del adulto) da origen a una respuesta del sistema nervioso que quizá logre que el niño pare y sienta vergüenza. Si pasa esto, la forma de expresarlo podría consistir en evitar el contacto visual, notar opresión en el pecho y acaso experimentar una sensación de malestar en el estómago. Los padres quizá describan esto diciendo que «se siente mal por lo que ha hecho».

La conciencia inicial de haberse pasado de la raya es muy saludable, y una evidencia del desarrollo del cerebro superior del niño. Según algunos científicos, este establecimiento de límites causante de una «sensación saludable de vergüenza» da lugar a una brújula interna que guía la conducta futura. Ello significa que el niño está comenzando a adquirir conciencia, o una voz interior, junto a un conocimiento de la moralidad y el autocontrol. Con el tiempo, a medida que los padres le ayudan una y otra vez a identificar los momentos en que necesita pisar el freno, su conducta va cambiando. Es algo más que aprender simplemente que una acción concreta es mala, o que a los padres no les gusta lo que ha hecho, por lo que le conviene evitar esta acción si no quiere líos. Dentro de este niño acontece algo más que el simple aprendizaje de las reglas de *bueno* o *malo*, *aceptable* o *inaceptable*.

En realidad su cerebro está cambiando al tiempo que su sistema nervioso establece conexiones para poder decirle lo que «parece correcto», lo cual a su vez modifica el comportamiento futuro. Las experiencias nuevas establecen conexiones nuevas entre sus neuronas, y los cambios en sus circuitos cerebrales alteran de manera fundamental y positiva su forma de interaccionar con el mundo. El modo en que los padres ayudan al avance del proceso consiste en enseñarle afectuosa y empáticamente qué conductas son aceptables y cuáles no lo son. Por eso es esencial que establezcamos límites y que nuestros hijos interioricen el «no» cuando sea necesario, sobre todo en los primeros años, cuando se están instaurando los circuitos cerebrales reguladores. Al ayudarles a comprender las reglas y los límites de sus respectivos entornos, ayudamos a construir su conciencia.

Para un padre afectuoso, esto suele ser difícil. Queremos que nuestros hijos sean felices y nos gusta que reciban lo que desean. Además, somos conscientes de lo rápido que una situación agradable puede deteriorarse cuando un niño no consigue lo que quiere. No obstante, si amamos de verdad a nuestros hijos y les deseamos lo mejor, hemos de ser capaces de tolerar la tensión y el malestar que ellos (y nosotros) tal vez experimentemos al establecer un límite. Queremos decirles «sí» con la mayor frecuencia posible, pero a veces lo más afectuoso es decir «no».

Ahora una advertencia: muchos padres dicen «no», de un modo u otro, demasiado a menudo. Lo dicen automáticamente, muchas veces cuando no es preciso. *Deja esta pelota. No corras. No derrames la leche.* Lo que queremos puntualizar aquí es lo siguiente: no es que los niños deban oír mucho la palabra «no». De hecho, un «sí» con condiciones es mucho más efectivo que un «no» rotundo: «Sí, puedes bañarte más tarde», o «Sí, leeremos otro cuento, pero tendrá que ser mañana». *En otras palabras, la clave no está en decir «no» con insistencia, sino en comprender la importancia de ayudar a los niños a reconocer los límites para ayudarles a ser cada vez más capaces de pisar el freno cuando haga falta.*

Aquí cabe otra advertencia importante. Cuando el establecimiento de límites y el «no» van acompañados de enfado parental o comentarios negativos que agreden al pequeño, la «vergüenza saludable, en desarrollo» de un niño que está simplemente aprendiendo a dominar su conducta se transforma en una humillación y una «vergüenza tóxica», emociones más complicadas. A juicio de algunos, esta vergüenza tóxica incluye no solo la sensación de haber hecho algo mal, que puede y debe ser rectificado, sino también la dolorosa sensación de que el yo interior de uno es defectuoso. Y esta creencia en que el yo está dañado la siente el niño como una afección inalterable, no como una conducta susceptible de ser modificada. Según ciertos investigadores, este paso de una «conducta que puede ser modificada en el futuro» a un «yo básicamente imperfecto» es lo que experimentan los niños que sufren hostilidad parental repetida en respuesta a su conducta. La humillación y la vergüenza tóxica pueden proseguir a lo largo de la infancia hasta bien entrada la edad adulta, incluso por debajo de la conciencia, con lo que estos individuos arrastran el «secreto» oculto de que son profunda y permanentemente defectuosos. Es posible que, con el paso del tiempo, la vida de la persona esté dominada por una serie de consecuencias negativas: tener problemas con relaciones íntimas que podrían revelar este secreto oculto, sentirse indigno, verse empujado a tener éxito en la vida pero sin sentirse nunca satisfecho. Como padre, puedes evitar que tu hijo experimente esta cascada negativa de vergüenza tóxica aprendiendo a crear estructuras necesarias sin humillarlo. Se trata de un objetivo alcanzable; nosotros estamos dispuestos a hacer transitable este camino si es el que escoges.

Al final, todo se reduce a que la Disciplina sin Lágrimas anima a los niños a mirar en su interior, a tener en cuenta los sentimientos de los demás y a tomar decisiones a menudo difíciles, aunque sientan el impulso o el deseo de hacer las cosas de otra manera. Permite, asimismo, a los niños poner en práctica las aptitudes emocionales y sociales que queremos que entiendan y lleguen a dominar, y posibilita la creación de estructuras con respeto. Cuando estamos dispuestos a fijar con cariño un límite —como al imponer disciplina siendo conscientes de que el cerebro de nuestros hijos está cambiando, es cambiable y es complejo—, ayudamos a establecer conexiones neurales que potencian las relaciones, el autocontrol, la empatía, la percepción personal, la moralidad y muchísimas cosas más. Y entonces los niños pueden sentirse bien con lo que son como individuos mientras aprenden a modificar su conducta.

Todo esto desemboca en una estimulante conclusión para los padres: cada vez que los niños se portan mal, nos dan la oportunidad de conocerlos mejor y de tener una idea más clara de lo que necesitan aprender. Los niños suelen comportarse mal porque todavía no han desarrollado destrezas en un área determinada. Así pues, cuando tu hija de tres años tira del pelo a un compañero de clase porque este ha conseguido antes su vaso lleno de galletitas, en realidad está diciéndote «necesito aprender la destreza de esperar mi turno». Del mismo modo, si tu hijo de siete años se muestra insolente y te llama «cara de pedo», en realidad está diciendo «necesito crear destrezas para saber controlarme y transmitir mi decepción con respeto cuan-

EN VEZ DE UN «NO» ROTUNDO...

INTENTA UN «SÍ» CON CONDICIONES

LO QUE VE UN PADRE:

do no tengo lo que quiero». Al comportarse mal, en realidad los niños nos revelan aquello que necesitan mejorar: algo que aún no se ha desarrollado o las habilidades específicas que deben ejercitar.

La mala noticia es que casi nunca es muy divertido, ni para el niño ni para el padre. La buena es que de esta manera obtenemos información que de otro modo quizá sería imposible conseguir. La noticia aún mejor es que a continuación podemos dar pasos orientados a proporcionar a los niños experiencias que les ayuden a aumentar su capacidad para compartir, pensar en los demás, hablar con educación, etcétera. No estamos diciendo que cuando los niños no manejan bien una situación tengamos que celebrarlo. («¡Bravo! ¡Una oportunidad para ayudar a un cerebro a desarrollarse de manera óptima con mi respuesta intencional!») Seguramente no te lo pasarás bien imponiendo disciplina ni desearás que se produzcan berrinches. Pero cuando te das cuenta de que estos «momentos de mala conducta» no son solo situaciones lamentables que hay que aguantar, sino verda-

deras oportunidades de conocimiento y crecimiento, puedes replantear el conjunto de la experiencia y reconocerla como una posibilidad para construir el cerebro y crear algo importante y significativo en la vida de tu hijo.

3

De la rabieta a la tranquilidad: «conexión» es la clave

Michael oía voces cada vez más fuertes en la habitación de sus hijos, pero estaba viendo el partido de baloncesto en la tele y decidió esperar a los anuncios antes de ir a ver. Craso error.

Graham, su hijo de ocho años, y James, amigo de Graham, se habían pasado la última media hora organizando y clasificando con esmero centenares de piezas de Lego. Graham había utilizado su asignación mensual para comprar una caja de herramientas, en la que había asignado un compartimento para las cabezas, torsos, cascos, espadas, sables de luz, varitas mágicas, hachas y cualquier cosa que se les hubiera ocurrido a los creativos genios daneses. Los chicos estaban en un paraíso organizativo.

El problema era que Graham y James cada vez dejaban más de lado a Matthias, hijo de cinco años de Michael. Los tres niños habían iniciado el proyecto juntos, pero con el tiempo los mayores tenían la impresión de que su complejo sistema de categorías era incomprensible para Matthias. Por eso no le dejaban participar en la actividad.

Pie de entrada de las voces en aumento.

Michael no llegó a ver los anuncios. Los gritos le hicieron saber que debía intervenir de inmediato, pero no fue lo bastante rápido. Cuando aún le faltaban tres pasos para llegar al cuarto de los chicos —¡apenas tres pasos!—, oyó el inconfundible sonido de cientos de piezas de Lego esparciéndose de golpe por el suelo de madera.

Tres pasos después fue testigo del caos y la carnicería. Una absoluta masacre. Cabezas decapitadas yacían desparramadas por toda la habitación, junto a cuerpos sin brazos y armas tanto medievales como futuristas. Un arcoíris de confusión se extendía desde el umbral hasta el armario del otro lado.

Junto a la caja de herramientas volcada estaba el enfurruñado y enrojecido Matthias, de cinco años, dirigiendo a Michael una mirada a la vez desafiante y aterrada. Michael se volvió hacia su hijo mayor, que gritó: «¡Siempre lo estropea todo!» y salió del cuarto llorando, seguido de un avergonzado e incómodo James.

Vaya momento disciplinario. Ahora sus dos hijos estaban vociferando, con un amigo entre dos fuegos y el propio Michael furioso. No es solo que Matthias hubiera echado a perder todo el trabajo de los dos chicos mayores, sino que ahora en el cuarto reinaba un desorden descomunal que había que recoger. (Si alguna vez has sentido el dolor de pisar una pieza de Lego, sabrás por qué se descartaba la opción de dejar todo aquel desparrame por el suelo.) Y, además, estaba perdiéndose el partido de baloncesto.

Michael decidió dirigirse primero a Matthias y hablar luego con los mayores. Su impulso inicial fue plantarse frente al pequeño, agitar el dedo frente a su cara y reñirle por haber tirado el contenido de la caja. Como estaba enfadado, quería aplicar un castigo enseguida. Quería gritar: «¿Por qué has hecho *esto*?» Quería decir algo sobre no jugar nunca más con Graham y luego añadir: «¿Ves por qué no querían dejarte jugar con sus Legos?»

Por suerte, no obstante, la parte pensante de Michael (su cerebro superior) asumió el control y le permitió abordar la situación desde una perspectiva de Cerebro Pleno. Lo que provocó el planteamiento más maduro y empático fue su reconocimiento de cuánto le *necesitaba* su hijo pequeño justo en ese momento.

Michael debía encarar la conducta de Matthias, desde luego. Y, claro, lógicamente la próxima vez tendría que ser más proactivo y hacerse cargo de la situación antes de que se descontrolara. Debía ayudar a Matthias a pensar en cómo se sentiría Graham, y a entender que las acciones a menudo tienen un efecto significativo en otras personas. Todas estas enseñanzas, toda esta redirección, eran absolutamente necesarias.

Pero no en ese preciso instante.

En ese preciso instante lo que hacía falta era conectar.

Matthias estaba totalmente desregulado desde el punto de vista emocional, y necesitaba que su padre aliviara sus sentimientos heridos, su tristeza y su enfado, todo ello derivado de haber sido censurado por ser demasiado pequeño para entender y de haber sido excluido. No era el momento de redirigir, enseñar nada ni hablar de normas familiares o respeto por la propiedad de otros. Era el momento de conectar.

Así que Michael se arrodilló y abrió los brazos, y Matthias se acomodó en ellos. Michael lo abrazó mientras el niño sollozaba, le frotó la espalda y no dijo nada salvo algún ocasional: «Lo sé, colega, lo sé.»

Al cabo de un minuto, Matthias lo miró con los ojos brillantes de lágrimas y dijo: «He tirado los Legos.»

En respuesta, Michael se rio un poco y dijo: «Me parece que has hecho algo más que eso, chaval.»

Matthias esbozó una sonrisita y en ese instante Michael comprendió que podía pasar a la parte redirectora de la disciplina y ayudar a su hijo a comprender algunas lecciones importantes sobre empatía y manifestaciones adecuadas de sentimientos fuertes. Ahora Matthias era *capaz* de escuchar a su padre. La conexión y el consuelo de Michael habían permitido al niño trasladarse de un estado reactivo a otro receptivo, donde pudiera escuchar a su padre y aprender.

Fijémonos en que conectar primero no solo es más relacional y afectuoso. De acuerdo, posibilita que los padres sintonicen con sus hijos, como hizo Michael, y que sean emocionalmente sensibles cuando estos se muestran alterados y desregulados. Esto permite al niño «sentirse sentido», la sensación interna de ser visto y comprendido que transforma el caos en calma, el aislamiento en conexión. Conectar primero es un medio básicamente afectuoso de imponer disciplina. Pero observemos que un enfoque disciplinario Sin Lágrimas puede ser también mucho más *efectivo*. No es solo que una regañina hubiera sido un error como respuesta inicial de Michael a la situación. Nuestro razonamiento aquí no tiene que ver con lo acertado o desacertado de los planteamientos parentales (si bien sostenemos palmariamente que un enfoque de Cerebro Pleno es en esencia más afectuoso y compasivo). El caso es que la táctica de Michael de conectar primero alcanzó los dos objetivos de la disciplina —conseguir cooperación y construir el cerebro— con gran eficacia. Gracias a dicha táctica, se produjo un aprendizaje, la enseñanza fue efectiva y se estableció y mantuvo la conexión. A Michael su plan le permitió lograr la atención de su hijo, rápidamente y sin Lágrimas, por lo que pudieron hablar del comportamiento de Matthias *de tal manera que este pudiera escuchar*. Además, esto ayudó a construir el cerebro del niño, pues ahora Matthias era capaz de oír los argumentos de su padre y entender las importantes lecciones que estaba enseñándole. Por otra parte, Michael modeló para su hijo una conexión sintonizada y le demostró que hay maneras más tranquilas y afectuosas de interaccionar cuando estás disgustado con alguien. Y todo esto pasó porque Michael conectó antes de redirigir.

ESTILO PARENTAL PROACTIVO

Hablaremos enseguida de por qué la conexión es un instrumento tan potente cuando los niños están enfadados o tienen dificultades para tomar buenas decisiones. Está claro que Michael lo usó con eficacia. Sin embargo, al haber sido un poco lento en su respuesta a la situación —¡tres pasos!—, perdió la oportunidad de evitar todo el proceso disciplinario.

Es así, en efecto. En ocasiones podemos eludir del todo la imposición de disciplina simplemente actuando *de forma proactiva*, no *reactiva*. Cuando obramos proactivamente, buscamos momentos en que se avecinen la mala conducta y/o la pataleta —justo tras el horizonte de donde están ahora mismo— y tomamos cartas en el asunto para intentar guiarlos por este potencial campo minado. Como quería seguir viendo el partido, Michael no reaccionó lo bastante rápido ante las señales de que en el cuarto de sus hijos empezaban a surgir problemas.

El estilo parental proactivo puede tener grandes consecuencias. Por ejemplo, cuando tu amorosa y habitualmente dócil hija de ocho años está preparándose para ir a su clase de natación, quizá notes que reacciona de forma exagerada cuando ha de aplicarse protector solar: «¿Por qué he de ponerme crema cada día?» Entonces, mientras atiendes a su hermano pequeño, ella se sienta al piano un minuto a tocar una de sus canciones. Pero se le escapan un par de notas y, contrariada, aporrea el teclado con el puño.

Puedes interpretar estos episodios como incidentes aislados y pasarlos por alto. O también puedes verlos como las señales de aviso que probablemente son. Acaso recuerdes que esta hija en concreto suele alterarse cuando tiene hambre, así que quizá mejor que dejes lo que estás haciendo y le pongas una manzana delante. Cuando te mire, puedes brindarle una sonrisa de complicidad como recordatorio de su tendencia y, si hay suerte, ella asentirá, se comerá la manzana y regresará a un estado de autocontrol.

De acuerdo, a veces no aparecen señales claras antes de que los niños tomen malas decisiones y se comporten de forma inapropiada. Pero otras veces podemos interpretar las pistas que nos dan y dar pasos proactivos para adelantarnos a los acontecimientos disciplinarios. Esto podría significar dar un aviso de cinco minutos antes de salir del parque, o imponer una hora de acostarse sistemática para que al día siguiente los niños no estén demasiado cansados y gruñones. Podría significar contarle a un niño de preescolar un cuento de suspense y de pronto

EN VEZ DE ACTUAR DE MANERA REACTIVA...

ACTUAR DE MANERA PROACTIVA...

parar y explicarle que le dirás lo que pasa a continuación una vez esté en el asiento del coche. O quizás equivalga a intervenir para iniciar un nuevo juego cuando oyes que entre tus hijos va a producirse una pelea. O tal vez podría consistir en hablar al pequeño con una voz llena de energía enigmática: «Oye, antes de que tires esta patata frita al otro lado del restaurante, ¿quieres saber lo que llevo en el bolso?»

Otra forma de criar a los hijos proactivamente es PARAR antes de reaccionar ante ellos. Si ves que el comportamiento del niño apunta en una dirección que no te gusta, hazte esta pregunta: «¿Está Enfadado, Hambriento, Rabioso, Aislado, Agotado?» A lo mejor lo único que has de hacer es ofrecerle unas pasas, escuchar sus sentimientos, jugar a algo con él o ayudarle a dormir mejor. En otras palabras, a veces solo hace falta un poco de reflexión previa y planificación por adelantado.

¿TAMBIÉN TU HIJO ESTÁ ENFADADO, HAMBRIENTO, RABIOSO, AISLADO, AGOTADO?

El estilo proactivo no es fácil, y exige de nosotros una buena dosis de conciencia. No obstante, *cuanto más atentos estemos a los inicios de comportamientos negativos y nos adelantemos a ellos, menos probable será que acabemos recogiendo los restos literales o figurados del conflicto, lo cual significa que tú y tus hijos sencillamente tendréis más tiempo para pasarlo bien juntos.*

En cualquier caso, como todos sabemos, a veces la mala conducta sucede sin más. Menuda novedad. Y ninguna medida de proactividad puede impedirla. Entonces es el momento de conectar. Hemos de resistir el impulso de castigar al instante, de sermonear, de imponer la ley o incluso de redirigir positivamente enseguida. Lo que hemos de hacer es *conectar.*

¿POR QUÉ CONECTAR PRIMERO?

Seamos más concretos y hablemos de *por qué* la conexión es tan potente. Analizaremos las tres ventajas fundamentales —una a corto plazo, otra a largo plazo y otra relacional— de establecer conexión como primera respuesta cuando a nuestros hijos les cuesta controlarse y tomar decisiones acertadas.

Ventaja n.º 1: La conexión lleva a un niño de la reactividad a la receptividad

Al margen de cómo decidamos responder cuando los niños se portan mal, una cosa sí hemos de hacer: permanecer conectados emocionalmente con ellos, incluso cuando —y quizás especialmente cuando— imponemos disciplina. Al fin y al cabo, *en los momentos en que están más alterados es cuando los niños más nos necesitan.* Pensémoslo: ellos no *quieren* sentirse frustrados, enfurecidos ni descontrolados. Esto no es solo desagradable sino también de lo más estresante. Por lo general, el mal comportamiento se debe a que un niño lo ha pasado mal lidiando con lo que ocurre a su alrededor... y en su interior. Siente todos estos sentimientos fuertes que aún no está en disposición de gestionar, y la mala conducta se produce como simple consecuencia de ello. Sus acciones —sobre todo cuando ha perdido el control— son un mensaje de que precisa ayuda. Constituyen un intento de conseguir asistencia y conexión.

Así, cuando los niños están por algún motivo furiosos, abatidos, avergonzados, azorados, abrumados o descontrolados, es cuando hemos de estar a su lado. Mediante la conexión podemos aliviar su tormenta interior, ayudarles a calmarse y darles ideas para que tomen decisiones mejores. Cuando notan nuestro amor y nuestra aceptación, cuando «se sienten sentidos» por nosotros, incluso sabiendo que no nos gustan sus acciones (o a ellos no les gustan las nuestras), pueden empezar a recuperar el control y permitir que su cerebro superior vuelva a implicarse. Cuando sucede esto, ya puede tener lugar la disciplina efectiva. En otras palabras, la conexión los lleva de un estado reactivo a un estado en el que pueden ser más receptivos a las lecciones que queremos enseñarles y a las interacciones saludables que queremos compartir con ellos.

Por tanto, hay una importante pregunta que podemos formularnos antes de empezar a redirigir y enseñar de forma explícita: *¿Está mi hijo preparado? ¿Preparado para escucharme, para aprender, para entender?* Si no lo está, lo más probable es que haga falta más conexión.

Como vimos en el caso de Michael y su hijo de cinco años, la conexión calma el sistema nervioso, alivia la reactividad de los niños y los traslada a un lugar donde pueden escucharnos, aprender e incluso tomar sus propias decisiones de Cerebro Pleno. Cuando aparece el indicador emocional, la conexión es el modulador que impide que las emociones se intensifiquen demasiado. Sin conexión, estas seguirán disparándose fuera de control.

Recuerda la última vez que te sentiste realmente triste, enojado o alterado. ¿Qué habría pasado si un ser querido te hubiera dicho: «No te pongas así», o «No hay para tanto»? ¿Y si te hubieran dicho: «Quédate ahí solo hasta que te calmes y estés dispuesto a ser agradable y estar alegre»? Habrían sido respuestas lamentables, ¿verdad? Pues son las que damos a nuestros hijos una y otra vez. Y cuando lo hacemos, en realidad incrementamos su angustia interna, lo que provoca más mal com-

LA CONEXIÓN CALMA

portamiento, no menos. Estas respuestas consiguen lo contrario de la conexión: *amplificar* los estados negativos.

Por otro lado, la conexión calma, lo cual permite a los niños comenzar a recuperar el control de sus emociones y su cuerpo. Les permite «sentirse sentidos», una empatía que alivia la sensación de aislamiento o de haber sido malinterpretado producto de la reactividad del cerebro inferior y del conjunto del sistema nervioso: palpitaciones cardíacas, respiración acelerada, tensión muscular, malestar intestinal. Estos estados reactivos son incómodos y pueden llegar a intensificarse si aumentan las exigencias y la desconexión. Con conexión, sin embargo, los niños pueden tomar decisiones más reflexivas y desenvolverse mejor.

En esencia, lo que hace la conexión es integrar el cerebro. Funciona como sigue. Como hemos dicho, el cerebro es complejo (la tercera C cerebral). Se compone de muchas partes, todas ellas con distintos cometidos. El cerebro superior, el cerebro inferior. El lado izquierdo y el lado derecho. Centros de la memoria y regiones del dolor. Junto con todos los sistemas y circuitos cerebrales, estas zonas tienen sus propias responsabilidades, sus propias tareas encomendadas. Cuando trabajan conjuntamente como un todo coordinado, el cerebro acaba integrado, de forma que sus numerosas partes pueden actuar como un equipo, consiguiendo más y siendo más efectivas que si actuara cada una por su cuenta.

Como ya explicamos en *El cerebro del niño*, una buena imagen para entender la integración es un río de bienestar. Imagínate en una canoa, flotando en un río tranquilo, idílico. Te sientes bien, relajado y preparado para afrontar cualquier cosa. No es que todo vaya a la perfección o sea favorable; es más bien que te encuentras en un estado de ánimo integrado: tranquilo, receptivo y equilibrado, y además tu cuerpo se siente activo y cómodo. Incluso cuando las cosas no funcionan como te gustaría, puedes adaptarte con flexibilidad. Es el río del bienestar.

Sin embargo, a veces no eres capaz de permanecer en la corriente. Viras demasiado hacia una orilla o la otra. Un lado del río representa el caos. Cerca de esta orilla hay peligrosos rápidos que convierten la vida en un viaje frenético e ingobernable. Cuando estás cerca del lado del caos, te alteras con facilidad y el menor obstáculo te hace girar fuera de control. Quizás experimentes emociones abrumadoras, como una ansiedad elevada o una ira intensa, y acaso notes que también tu cuerpo se siente caótico, con los músculos tensos, el ritmo cardíaco acelerado y el ceño fruncido.

La otra orilla no es menos desagradable, pues representa la rigidez. Aquí te encuentras atascado deseando o esperando que el mundo funcione de una manera determinada, y en caso contrario no estás dispuesto a adaptarte o eres incapaz de ello. En tu esfuerzo por imponer tu visión y tus deseos al mundo que te rodea, descubres que no quieres, o quizá no puedes siquiera, transigir ni negociar de ninguna manera coherente.

Así pues, el caos en una orilla, la rigidez en la otra. Ninguno de los dos extremos ofrecen comodidad, sino ausencia de control o tanto control que no hay flexibilidad ni adaptabilidad. Y ambos extremos te mantienen fuera de la corriente tranquila del río del bienestar. Seas caótico o rígido, estás desperdiciando la oportunidad de disfrutar de salud mental y emocional, de sentirte a gusto en el mundo.

Piensa en el río del bienestar en relación con tus hijos. Cuando los niños dan guerra o se sienten perturbados, casi siempre ponen de manifiesto caos, rigidez o ambas cosas. Si un niño de nueve años se pone frenético sobre una exposición oral que ha de hacer en la escuela al día siguiente y acaba rompiendo las no-

tas mientras dice entre sollozos que jamás será capaz de memorizar la introducción, está sucumbiendo al caos. Se ha estrellado en la orilla, lejos del flujo suave del río del bienestar. Del mismo modo, si un niño de cinco años insiste tercamente en que le cuentes otro cuento a la hora de acostarse o se niega a meterse en la bañera hasta encontrar su pulsera preferida, ha topado de lleno contra la orilla de la rigidez. ¿Recordamos a Nina, del capítulo anterior? Cuando su madre le dijo que aquella mañana la llevaría a la escuela el padre, la pequeña se vino abajo y se negó a contemplar cualquier punto de vista diferente, debatiéndose entre el caos y la rigidez, sin llegar a disfrutar de la tranquila corriente en el centro del río del bienestar.

De modo que esto es lo que hace la conexión. Aleja a los niños de las orillas y los devuelve a la corriente, donde experimentan una sensación interna de equilibrio y se sienten más felices y estables. Después son capaces de escuchar lo que necesitamos decirles y de tomar mejores decisiones. Cuando conectamos con un niño que se nota abrumado y caótico, le ayudamos a apartarse de la orilla y a llegar al centro del río, donde se siente más equilibrado y domina la situación. Cuando conectamos con un niño que está atascado en un estado de ánimo rígido, incapaz de tener en cuenta otras perspectivas, le ayudamos a integrarse para que pueda aflojar su rígida sujeción a una situación y volverse más flexible y adaptable. En ambos casos, la conexión crea un estado de ánimo integrado y ofrece la oportunidad de aprender.

En el próximo capítulo seremos más precisos sobre los medios prácticos para conectar con los niños cuando están alterados. En todo caso, el enfoque básico conlleva, por lo general, escuchar y procurar gran cantidad de empatía, tanto verbal como no verbal. Así es como nos compenetramos con nuestros hijos, sintonizando con la vida interior de su mente: con sus sentimientos y pensamientos, sus percepciones y recuerdos, lo que tiene significado interno en su vida. Esto es *sintonizar con la mente que subyace a la conducta*. Por ejemplo, una de las formas más eficaces de conectar con los hijos es tocándolos físicamente sin más. Un toque afectuoso —tan simple como una mano, un brazo, un roce en la espalda o un abrazo cálido— libera en el cerebro y el cuerpo endorfinas, «hormonas de la felicidad» (como la oxitocina natural y los opioides), y disminuye el nivel de la hormona del estrés (cortisol). Si los niños se sienten agitados, un contacto físico afectuoso puede apaciguar la situación y ayudarte a conectar, incluso en momentos de tensión elevada. Esto es conectar con su aflicción interna, no reaccionar sin más ante su conducta visible.

LA CONEXIÓN LLEVA AL NIÑO DE LA REACTIVIDAD A LA RECEPTIVIDAD

Fijémonos en que esto es lo primero que hizo Michael cuando vio a su hijo pequeño en medio del desastre del Lego: se sentó y lo abrazó.

De este modo empezó a alejar la pequeña canoa de Matthias de la orilla del caos y devolverla a la corriente tranquila del río. Luego escuchó. En realidad no era necesario que Matthias dijera: «He tirado los Legos.» Pero con esta frase pudo empezar a avanzar. Unas veces los niños necesitan hablar mucho más, y ser escuchados mucho más rato. Otras no quieren hablar. Y aun otras todo puede ser tan rápido como en el caso que nos ocupa. Contacto no verbal, declaración empática —«Lo sé, colega»— y disposición a escuchar. Esto es lo que necesitaba Matthias para devolver cierto equilibrio a su joven cerebro y su impulsivo cuerpo. Tras esto, el padre pudo comenzar a enseñarle hablándole de las lecciones en cuestión.

Aunque Michael no estaba pensando en estos términos, lo que hacía era utilizar su relación, su comunicación conectora, para intentar llevar integración al cerebro de Matthias, de modo que el cerebro superior y el inferior pudieran trabajar juntos, lo mismo que los hemisferios cerebrales derecho e izquierdo. Cuando Matthias se enfureció con los dos chicos mayores, su cerebro inferior tomó el control absoluto, lo que anuló el superior. Las partes cerebrales inferiores, instintivas y reactivas, se activaron tanto que el niño ya no pudo acceder a las partes superiores, las que ayudan a pensar en las consecuencias y tienen en cuenta los sentimientos ajenos. Estas dos secciones de su cerebro no estaban funcionando conjuntamente. En otras palabras, en ese momento el cerebro estaba des-integrado, debido a lo cual se produjo la masacre del Lego. Al ofrecer un gesto no verbal y no un montón de palabras lógicas propias del hemisferio izquierdo, Michael fue capaz de conectar con el hemisferio derecho de Matthias, el lado relacionado más directamente con el cerebro inferior e inundado por este. Derecho e izquierdo, arriba y abajo, el cerebro de Matthias estaba preparado para ser más coordinado y equilibrado en su movimiento hacia la integración. La conexión integró su cerebro inferior —centrado en las emociones— y su cerebro superior —orientado al pensamiento— de tal forma que Michael pudo alcanzar el objetivo a corto plazo de lograr la colaboración de su hijo.

Ventaja n.º 2: La conexión construye el cerebro

Como hemos explicado en el capítulo anterior, la Disciplina sin Lágrimas construye el cerebro de un niño al incrementar su capacidad para las relaciones, el autocontrol, la empatía, la percepción personal y mucho más. Analizamos la importancia de establecer límites, de crear estructuras y de ayudar a los niños a generar controles internos y la inhibición de los impulsos mediante la interiorización del «no». Así es como usamos la relación con nuestros hijos para establecer las funciones ejecutivas de su cerebro. Examinamos también otras maneras de desarrollar capacidades relacionales y de toma de decisiones del niño. Cada interacción con nuestros hijos brinda la oportunidad de construir su cerebro y potenciar su capacidad para ser la clase de personas que esperamos que sean.

Y todo comienza con la conexión. Además de la ventaja a corto plazo de trasladarlos de la reactividad a la receptividad, el hecho de conectar durante una interacción disciplinaria también incide en el cerebro del niño y causa efectos a largo plazo a lo largo de su crecimiento. Si ofrecemos consuelo cuando los niños están alterados, si escuchamos sus sentimientos, si les transmitimos lo mucho que les queremos incluso cuando la líen: si respondemos así, ejercemos un considerable impacto en el desarrollo de su cerebro y en la clase de personas que serán, tanto ahora como cuando lleguen a la adolescencia y a la edad adulta.

En próximos capítulos hablaremos más de la redirección, incluidas las lecciones explícitas que enseñamos y los comportamientos que modelamos al interaccionar con nuestros hijos. Como es lógico, el cerebro de un niño resultará muy influido por lo que le comunicamos cuando respondemos ante una mala conducta; también cambiará en función de nuestras acciones en el momento concreto. Sea de forma consciente o inconsciente, el cerebro del niño asimila toda clase de información basándose en la respuesta parental a cualquier situación dada. Aquí la cuestión pertinente es la conexión, así como el modo en que los padres cambian e incluso construyen el cerebro de los niños partiendo de lo que estos experimentan en el momento de establecer la disciplina.

Por expresarlo en términos neurológicos, la conexión refuerza las fibras conectivas entre el cerebro superior y el inferior para que las áreas cerebrales superiores puedan comunicarse entre sí con más eficacia y anular los impulsos inferiores, más primitivos. A estas fibras que conectan las áreas cerebrales superiores e inferiores las denominamos «la escalera del cerebro». Esta escalera integra lo de arriba y lo de abajo y beneficia a la región cerebral denominada «corteza prefrontal». Esta área clave del cerebro ayuda a crear las funciones ejecutivas de la autorregulación, entre ellas las de equilibrar las emociones, concentrar la atención, controlar los impulsos y conectarnos empáticamente con los demás. A medida que la corteza prefrontal se desarrolla, los niños son más capaces de llevar a la práctica las destrezas sociales y emocionales que queremos que adquieran y, en última instancia, dominen mientras permanecen en nuestra casa y también después, cuando salgan al mundo exterior.

Resumiendo, la integración en una relación crea integración en el cerebro. Se desarrolla una relación integrada cuando respetamos las diferencias entre nosotros y los demás y a continuación conectamos mediante comunicación compasiva. Establecemos lazos de empatía con otra persona: sentimos sus sentimientos y comprendemos su punto de vista. En esta conexión tenemos en cuenta la vida mental interior de otra persona pero sin convertirnos en ella. Así seguimos siendo individuos diferenciados y al mismo tiempo conectamos. Este tipo de integración crea armonía en una relación. Curiosamente, la integración interpersonal también se pone de manifiesto en la manera esencial en que las relaciones entre padres e hijos propician la integración en el cerebro del niño. Así es como regiones diferenciadas —como izquierda y derecha, arriba y abajo— siguen siendo únicas y especializadas pero están también relacionadas. En el cerebro, la regulación depende de la coordinación y el equilibrio entre varias regiones surgidas de la integración. Y este tipo de integración neural es la base de las funciones ejecutivas, la capacidad para regular la atención, las emociones, los pensamientos y la conducta. ¡Aquí está el secreto de la salsa! ¡La integración interpersonal cultiva la integración neural interna!

Así pues, esta es la ventaja a largo plazo de la conexión: mediante las relaciones, crea enlaces neurales y desarrolla fibras integradoras que cambian literalmente el cerebro y vuelven a los niños más capaces de tomar decisiones correctas, de participar en relaciones y de interactuar satisfactoriamente con su mundo.

Ventaja n.º 3: La conexión intensifica la relación con tu hijo

Así, la conexión ofrece la ventaja a corto plazo de llevar a los niños de la reactividad a la receptividad, y la ventaja a largo plazo de construir el cerebro. La tercera ventaja que queremos poner de relieve es de carácter relacional: la conexión intensifica el vínculo entre tú y tu hijo.

Los momentos de conflicto pueden ser los más difíciles e inciertos de cualquier relación. Quizá también se cuenten entre los más importantes. Nuestros hijos saben que estamos a su lado cuando nos acercamos a ellos o leemos un libro juntos, *desde luego*, o cuando aplaudimos su desempeño. Pero ¿qué pasa cuando surge la tensión y el conflicto? ¿O cuando tenemos deseos u opiniones incompatibles? Estos momentos constituyen la verdadera piedra de toque. El modo de reaccionar ante nuestros hijos cuando no estamos satisfechos con sus decisiones —con orientación afectuosa, con irritación y críticas, con furia y un arrebato bochornoso— tendrá sus correspondientes efectos en el desarrollo de nuestra relación con ellos, e incluso en su propia percepción de sí mismos.

No siempre es fácil siquiera *querer* conectar cuando los niños se comportan mal, o cuando están actuando de la peor manera y casi descontrolados. Conectar acaso sea la última cosa del mundo que quieras hacer cuando tus hijos empiezan a pelearse en un avión en el que todo el mundo va en silencio, o cuando se quejan y lloriquean por no haber recibido un regalo mejor después de que les hayas llevado al cine.

No obstante, la conexión debe ser nuestra primera respuesta prácticamente en cualquier situación disciplinaria. No solo porque puede ayudarnos a superar el problema a corto plazo; no solo porque convertirá a nuestros hijos en mejores personas a largo plazo; sino también, y eso es lo más importante, porque nos ayuda a transmitir lo mucho que valoramos la relación. Sabemos que los niños tienen un cerebro cambiante, cambiable y complejo, y que cuando se enfrentan a un conflicto, nos necesitan. Cuanto más respaldo, empatía y atención transmitamos en nuestra respuesta, tanto mejor será la relación con ellos.

Tina asistió hace poco a una fiesta de cumpleaños con su hijo de seis años en casa de su amiga Sabrina. Al final de la fiesta, los padres de la niña, Bassil y Kimberly, acompañaron a los invitados a la puerta. Al volver al salón, les esperaba una sorpresa. Así lo explicó Kimberly en un *e-mail* a Tina:

> Después de la fiesta, Sabrina entró en la casa y abrió todos los regalos *sin nuestra supervisión*. Por tanto, no pude anotar quién le regaló qué. ¡Qué follón! Conseguí ordenarlo casi todo porque mi hija Sierra había estado allí cuando se abrieron los paquetes. Antes de que Sabrina escriba las tarjetas de agradecimiento, me gustaría aclarar una cosa. ¿Le regaló JP las gafas caleidoscópicas? Seguro que la señorita Modales desaprobaría mi táctica, ¡pero prefiero hacerlo bien a pecar de desagradecida!

En esta situación, sin duda podríamos establecer lazos de empatía con una madre cansada que no consigue tomar las riendas tras regresar al salón y encontrarse con los juguetes recién abiertos desperdigados por todas partes y el papel de envolver sembrando el suelo como confeti. Al fin y al cabo, Kimberly acababa de ofrecer una fiesta de cumpleaños divertida pero ruidosa, entretenida pero caótica, para niños de seis años y sus padres y hermanos. Las circunstancias parecían condenarla a un desmoronamiento parental, acentuado por chillidos y más chillidos de un niño malcriado que no podía esperar a que terminara la fiesta para lanzarse sobre los regalos como un animal salvaje sobre su presa.

LA CONEXIÓN INTENSIFICA LA RELACIÓN CON TU HIJO

Sin embargo, gracias a que conservó el autocontrol, Kimberly fue capaz de abordar la situación desde un estado de ánimo Sin Lágrimas, de Cerebro Pleno, que le condujo a empezar —lo has adivinado— con la conexión. En vez de soltar un sermón o una diatriba, conectó con su hija. Primero reconoció lo divertida que había sido la fiesta y lo bueno de abrir los regalos justo en ese momento. Llegó a sentarse pacientemente mientras Sabrina le enseñaba el conjunto de bigotes postizos que tanto la alborotaban. (Tendrías que conocer a Sabrina.) Y de pronto, en cuanto Kimberly hubo conectado, habló con su hija y le explicó lo que quería que supiera sobre los regalos, lo de esperar y las notas de agradecimiento. Es así como la conexión creó una oportunidad integradora, creando un cerebro más fuerte y reforzando una relación.

¿Serás capaz de conectar primero cada vez que tu hijo la líe o se descontrole? Pues claro que no. Nosotros desde luego no lo conseguimos con nuestros hijos. No obstante, cuanto más a menudo establecemos conexión como primera respuesta, con independencia de lo que hayan hecho los niños, o de si nosotros estamos o no en el río del bienestar, más les demostraremos que pueden contar con nosotros para tener consuelo, amor incondicional y apoyo, aunque se comporten de una manera que no aprobemos. ¡Hay que reforzar e intensificar la relación! Es más, al fortalecer la relación con tu hijo, estarás preparándolo para ser buen hermano, amigo y compañero a medida que se acerque a la edad adulta. Estarás enseñándole mediante el ejemplo, orientándole con lo que haces y no solo con lo que dices. Esta es la ventaja relacional de la conexión: enseña a los niños lo que significa estar en una relación y amar, incluso cuando no estamos contentos con las decisiones que ha tomado la persona a la que amamos.

¿QUÉ HAY DE LAS PATALETAS? ¿HEMOS DE PASARLAS POR ALTO?

Cuando enseñamos a los padres a conectar y redirigir, una de las preguntas más habituales que nos hacen es acerca de las rabietas. Por lo general, alguien del público pregunta algo así: «Creía que debíamos pasar por alto las pataletas. ¿Conectar con un niño frenético no es en definitiva prestarle atención? ¿No refuerza esto la conducta negativa?»

Nuestra respuesta a esta pregunta pone de manifiesto otro punto en el que la filosofía Sin Lágrimas, de Cerebro Pleno, se aparta de los enfoques convencionales. Sí, a veces el niño sufre lo que podríamos denominar una rabieta estratégica, cuando tiene el control de sí mismo y está actuando deliberadamente para alcanzar el fin deseado: conseguir el juguete que quiere, quedarse más rato en el parque, etcétera. Sin embargo, en la mayoría de los niños —y en el caso de los más pequeños, casi siempre—, las pataletas estratégicas son muchísimo más la excepción que la regla.

La inmensa mayoría de las veces, un berrinche demuestra que el cerebro inferior del niño ha secuestrado el cerebro superior y ha dejado a su dueño legítima y sinceramente descontrolado. O, aunque no esté desregulado del todo, el niño tiene el sistema nervioso tan desajustado que gimotea o no tiene la capacidad para ser flexible y gestionar sus sentimientos en ese instante. Y si un niño es incapaz de regular sus emociones y acciones, nuestra respuesta ha de pasar por ofrecerle ayuda y hacer hincapié en el consuelo. Debemos ser estimuladores y empáticos, y centrarnos en la conexión. Tanto si el niño está enfadado y triste como si está tan alterado que en realidad se encuentra fuera de control, nos *necesita* en este momento. Todavía hemos de establecer límites —no podemos permitir que un niño, por enfadado que esté, arranque las cortinas del restaurante—, pero ahora mismo nuestro objetivo es consolarle y ayudarle a tranquilizarse para que pueda recuperar el control sobre sí mismo. Recordemos que el caos y la pérdida de control son señales de que se ha bloqueado la integración, esto es, que las diferentes partes del cerebro no están funcionando como un todo coordinado. Y como la conexión genera oportunidades integradoras, ha de ser el método para dar consuelo. La integración crea la capacidad para regular emociones y, en definitiva, así es como lograremos calmar a nuestros pequeños: ayudándoles a pasar del caos o la rigidez de estados no integrados a la armonía más tranquila y clara de la integración y el bienestar.

Así pues, cuando los padres nos piden la opinión sobre las rabietas, nuestra respuesta es que hemos de reformular del todo la forma de abordar los momentos en que los niños están más alterados y descontrolados. Sugerimos a los padres que consideren la pataleta no solo como una experiencia desagradable que han de aprender a superar, a gestionar en provecho propio o a interrumpir lo antes posible a toda costa, sino como una petición de ayuda: otra oportunidad para hacer que el niño se sienta seguro y querido. Es una ocasión para servirse de la conexión a fin de aliviar la angustia, ser un refugio cuando se desata una tormenta interna, practicar el paso de un estado de des-integración a otro de integración. Por este motivo, a estos momentos de conexión los llamamos «oportunidades integradoras». Recordemos que la experiencia repetida de un niño de tener a su cuidador emocionalmente sensible y sintonizado con él —conectado con él— construye la capacidad de su cerebro para autorregularse y autoaliviarse a lo largo del tiempo, lo que desemboca en más independencia y resiliencia.

Así pues, la respuesta Sin Lágrimas a una pataleta comienza con empatía parental. Si entendemos *por qué* los niños tienen berrinches —que su cerebro joven, en desarrollo, es propenso a des-integrarse cuando las emociones fuertes toman el mando—, entonces podremos ofrecer una respuesta mucho más compasiva cuando empiecen los gritos, los chillidos y el pataleo. Esto no significa que lleguemos a disfrutar con las rabietas de un niño —si fuera así, deberías ir pensándote lo de buscar ayuda profesional—, pero si las consideramos con empatía y compasión obtendremos más calma y conexión que si las interpretamos como prueba de que el niño simplemente es difícil, manipulador o travieso.

Por este motivo, no somos en absoluto partidarios del enfoque convencional, que aconseja prescindir totalmente de la rabieta como si no se hubiera producido. Estamos de acuerdo con la idea de que una pataleta *no* es el momento idóneo para explicar a un niño que está comportándose de forma inapropiada. En plena rabieta, un niño no está experimentando lo que tradicionalmente se conoce como «momento enseñable». Pero el momento se puede transformar, mediante la conexión, en una oportunidad integradora. Por regla general, cuando los niños están alterados los padres suelen hablar demasiado; pero resulta que hacer preguntas e intentar impartir una lección en pleno berrinche puede intensificar las emociones de los pequeños. Su sistema nervioso ya está sobrecargado, y cuanto más hablemos, más saturaremos el sistema de recepción sensorial adicional.

De todos modos, este hecho no conduce a la conclusión lógica de que debamos ignorar a los niños cuando estén desconsolados. De hecho, proponemos casi lo contrario. Dejar de lado a un niño en plena pataleta es una de las peores cosas que podemos hacer, pues *cuando un niño se muestra tan disgustado, es que realmente está sufriendo.* Se siente abatido. El cortisol, la hormona del estrés, está circulando por su cuerpo y bañando su cerebro, y el niño nota que no tiene control alguno sobre sus emociones e impulsos, que es incapaz de calmarse ni de expresar lo que necesita. Sufre. *Y al igual que los niños necesitan*

MENSAJE 1:

que estemos con ellos y les procuremos tranquilidad y consuelo cuando se han hecho daño físico, lo mismo necesitan cuando el sufrimiento es emocional. Precisan la calma, el afecto y el estímulo que podemos darles. Nos necesitan para conectar.

Sabemos lo desagradable que puede ser un berrinche. Lo sabemos, no te quepa duda. Pero en el fondo todo se reduce a esto: ¿qué mensaje quieres enviar a tus hijos?

Cuando transmites el segundo mensaje, no estás cediendo. No estás siendo indulgente. Esto no significa que debas dejar al niño hacerse daño, romper cosas o poner a los demás en peligro. Todavía puedes, y debes, fijar límites. Durante una pataleta, quizás incluso tengas que ayudarle a controlar su cuerpo o frenar un impulso. (En los próximos capítulos propondremos sugerencias específicas para ello.) *La cuestión es que estableces estos límites mientras comunicas tu amor y atraviesas el momento difícil con tu hijo, transmitiéndole siempre «estoy aquí».*

Queremos que el berrinche se resuelva lo antes posible, na-

MENSAJE 2:

turalmente, igual que queremos levantarnos de la silla del dentista en cuanto podamos. No es agradable, y no hay más que hablar. Sin embargo, si estás actuando desde una perspectiva de Cerebro Pleno, el objetivo fundamental no es realmente el final rápido de la rabieta, sino ser emocionalmente sensible ante tu hijo y estar a su lado. El principal objetivo es conectar, lo cual supondrá todas las ventajas relacionales, a corto plazo y a largo plazo, que hemos estado analizando. En otras palabras, aunque quieras que la pataleta acabe lo antes posible, en realidad el propósito más amplio de conectar te lleva a esta meta con mucha más eficacia a corto plazo, y consigue mucho más a largo plazo. Si aportas empatía y tu presencia tranquila durante la rabieta harás que las cosas sean más fáciles y menos exageradas, tanto para ti como para tu hijo, y proporcionarás al pequeño la capacidad para manejarse mejor en el futuro, pues la sensibilidad emocional refuerza en su cerebro las conexiones integradoras que le permitirán tomar mejores decisiones, controlar su cuerpo y sus emociones, y tener en cuenta a los demás.

¿CÓMO CONECTAS SIN MALCRIAR AL NIÑO?

Hemos dicho que la conexión desactiva el conflicto, construye el cerebro del niño y fortalece la relación entre padres e hijos. No obstante, los padres suelen plantear cuestiones relacionadas con un inconveniente potencial del acto de conectar antes de redirigir: «Si siempre conecto cuando mis hijos hacen algo malo, ¿no voy a malcriarlos? Por decirlo de otro modo, ¿no reforzará esto la conducta que intento cambiar?»

Estas razonables preguntas parten de un malentendido, así que dedicaremos un rato a analizar qué es, y qué no es, «malcriar». Luego podremos dejar más claro por qué conectar durante la disciplina es muy distinto de malcriar a un niño.

Empecemos con lo que no es «malcriar», «consentir» o «mimar». *Malcriar no tiene que ver con el amor, el tiempo y la atención que dedicas a tus hijos. No puedes malcriar a tus hijos dán-*

doles demasiado de ti mismo. Del mismo modo, no malcrías a un bebé si lo sostienes demasiado en brazos o respondes a sus necesidades cada vez que las expresa. En otro tiempo, los entendidos en estilos parentales decían a los padres que si cogían en brazos demasiado a sus bebés, los malcriarían. Ahora nosotros sabemos que no es así. Responder a un bebé y calmarlo no lo malcría, mientras que *no* responder ni calmarlo crea un niño ansioso y de vínculos inseguros. Lo que *has de* hacer precisamente es alimentar la relación con tu hijo y proporcionarle experiencias sistemáticas que constituyan el fundamento de su fiel creencia en que tiene derecho a tu amor y afecto. En otras palabras, queremos que los niños sepan que pueden contar con que sus *necesidades* serán satisfechas.

Por otro lado, hablamos de «malcriar» cuando los padres (u otros cuidadores) crean un entorno en el que el hijo tiene la sensación de que puede salirse con la suya, de que puede conseguir exactamente lo que *quiera* cuando quiera, y de que todo le resultará fácil y estará a su alcance. Queremos que nuestros hijos esperen que sus necesidades serán comprendidas y satisfechas en consecuencia. Pero no queremos que esperen que se cumplirán siempre sus *deseos y caprichos*. (Parafraseando a los Rolling Stones, queremos que nuestros hijos sepan que tendrán lo que necesitan, ¡aunque no siempre consigan lo que quieren!) Y conectar cuando un niño está alterado o descontrolado tiene que ver con satisfacer sus necesidades, no con darle lo que quiere.

En la entrada «malcriar», el diccionario pone «echar a perder o dañar el carácter o la actitud mediante el exceso de consentimiento o elogios exagerados». También podemos malcriar si damos a los niños demasiadas cosas, gastamos demasiado dinero en ellos o les decimos sistemáticamente que «sí». Y también si les transmitimos la impresión de que el mundo y las personas que les rodean atenderán todos sus antojos.

La actual generación de padres, ¿es más susceptible de malcriar a los hijos que las generaciones anteriores? Puede ser. Es una circunstancia frecuente cuando los padres procuran que los niños no se enfrenten a ninguna dificultad: los sobreprotegen contra las decepciones y las contrariedades. Ocurre que suelen confundir la indulgencia, por una parte, con el amor y la conexión, por la otra. Si los propios padres fueron educados por progenitores que no eran emocionalmente sensibles ni afectuosos, a menudo experimentan un deseo bienintencionado de hacer las cosas de forma distinta. *El problema se plantea cuando consienten a sus hijos dándoles demasiadas cosas y protegiéndoles contra los problemas y la tristeza, en vez de ofrecer con generosidad lo que necesitan de veras y lo que realmente importa —amor, conexión, atención y tiempo—, mientras los pequeños se esfuerzan y afrontan las frustraciones que la vida inevitablemente comporta.*

Nuestra preocupación por malcriar a los niños al darles demasiadas cosas tiene una explicación. Si los niños consiguen en todo momento lo que quieren, pierden oportunidades de crear resiliencia y aprender lecciones de vida importantes: sobre demora de la gratificación, sobre el esfuerzo para lograr algo, sobre afrontar las decepciones. Tener una sensación de derecho a las cosas, en contraposición a la postura de gratitud, puede afectar a las relaciones futuras, cuando este modo de pensar «con derecho a» choque con otros.

También queremos dar a los niños el regalo de aprender a superar experiencias difíciles. No estamos haciendo ningún favor a nuestro hijo si descubrimos sus deberes escolares inacabados en la mesa de la cocina y los terminamos nosotros antes de correr a la escuela a evitarle las consecuencias lógicas de una tarea entregada con retraso. O cuando llamamos a otro padre para pedirle una invitación a una fiesta de cumpleaños de la que el niño se ha enterado, pero a la que no ha sido invitado. Estas reacciones crean en los niños la expectativa de que disfrutarán de una existencia indolora y, debido a ello, tal vez sean incapaces de desenvolverse bien cuando la vida no resulte ser tal como habían previsto.

Otro resultado problemático de malcriar es que da prioridad a la gratificación inmediata —para el hijo y los padres— en lugar de ofrecer lo mejor para el niño. A veces mimamos demasiado o decidimos no establecer límites porque es lo más fácil en el momento. Decir «sí» a este segundo o tercer regalo del día acaso sea más fácil a corto plazo porque evita una rabieta. Pero ¿y mañana, qué? ¿También esperarán regalos? No olvidemos que el cerebro establece asociaciones a partir de todas las experiencias. En última instancia, malcriar hace la vida más difícil a los padres porque les obliga a enfrentarse continuamente a las exigencias o los berrinches que se producen cuando los niños no consiguen lo que han acabado dando por supuesto: que siempre se saldrán con la suya.

Los niños consentidos suelen crecer desdichados porque las personas del mundo real no responden a sus caprichos. Les cuesta mucho valorar las alegrías más pequeñas y el triunfo de crear su propio mundo, básicamente porque los demás lo han hecho siempre por ellos. La confianza y la competencia verdaderas no surgen de conseguir lo que queremos, sino de logros reales y de conseguir dominar una destreza por nuestra cuenta. Además, si un niño no se ha habituado a gestionar las emociones que conlleva el hecho de no salirse con la suya y luego a amoldar su actitud y consolarse a sí mismo, va a ser muy difícil hacerlo más adelante, cuando los desengaños sean mayores. (A propósito, en el capítulo 6 examinaremos algunas estrategias para reducir los efectos del consentimiento si hemos adquirido este hábito tan inútil.)

Lo que estamos diciendo es que los padres hacen bien en preocuparse por si sus hijos están siendo malcriados. El consentimiento excesivo no tiene utilidad alguna para los niños, los padres ni las relaciones. Pero malcriar no tiene nada que ver con conectar con el niño cuando está alterado o tomando malas decisiones. Recordemos que no malcriamos a un niño por el hecho de proporcionarle un exceso de conexión emocional, atención, afecto físico o amor. Cuando los hijos nos necesitan, hemos de estar a su lado.

En otras palabras, la conexión no tiene nada que ver con el hecho de malcriar a los niños, mimarlos o impedir su independencia. Cuando pedimos conexión, no nos referimos a lo que ha acabado conociéndose como «padres helicóptero», algo que se da cuando los padres rondan sobre la vida de sus hijos para protegerlos contra todo conflicto y apuro. La conexión no tiene que ver con evitar a los niños todo contacto con la adversidad. *La conexión tiene que ver con superar los momentos difíciles con los hijos y estar a su lado cuando sufran emocionalmente, lo mismo que si se hubieran lastimado la rodilla y padecieran dolor físico.* Si hacemos esto, estaremos realmente creando independencia, pues cuando los niños se sienten seguros y conectados, y cuando por medio de la disciplina basada en un enfoque de Cerebro Pleno les hemos ayudado a adquirir destrezas emocionales y relacionales, ellos se notan cada vez más preparados para enfrentarse a cualquier cosa que les depare la vida.

PUEDES CONECTAR A LA VEZ QUE ESTABLECES LÍMITES

Pues sí, mientras imponemos disciplina a los niños, queremos conectar emocionalmente con ellos y asegurarnos de que saben que estamos a su lado cuando lo pasan mal. No obstante, esto no significa ni mucho menos que debamos consentirles cualquier capricho. De hecho, si el niño estuviera llorando y pataleando en la tienda de juguetes porque no quisiera marcharse y tú le permitieses seguir chillando y tirándolo todo, sería una muestra no solo de indulgencia sino también de irresponsabilidad.

Si eliminas límites de la vida del niño, no estás haciéndole ningún favor. No es positivo para él (ni para ti ni las otras personas de la tienda) dejar que su estallido emocional carezca de restricciones. Cuando hablamos de conectar con un niño al que le cuesta controlarse no nos referimos a que debas permitirle comportarse como le parezca. A un niño que arroja una figura de Bart Simpson contra un frágil despertador Hello Kitty no le dirás simplemente: «Hijo, parece que estás disgustado.» Una respuesta más adecuada será decir algo como: «Veo que estás alterado y te resulta difícil quedarte quieto. Te ayudaré.» Quizá tengas que cogerlo en brazos con tacto o guiarlo hacia el exterior mientras sigues conectando —valiéndote de la empatía y el contacto físico, recordando que él te necesita— hasta que se haya calmado. Una vez que tenga más control sobre sí mismo y se halle en un estado de ánimo receptivo al aprendizaje, puedes discutir con él lo que le ha pasado.

Veamos la diferencia entre ambas respuestas. Una («parece que estás disgustado») permite a los impulsos del niño mantener cautivo a todo el mundo —con lo que él no es consciente de cuáles son los límites— y no le aporta la experiencia de frenar cuando sus deseos se han desbocado. La otra le procura aprendizaje práctico de los límites sobre lo que puede hacer y lo que no. Los niños necesitan sentir que nos preocupa lo que les está pasando, pero también que les impongamos reglas y restricciones que les permitan saber qué conducta es aceptable en un entorno determinado.

Cuando los hijos de Dan eran pequeños, los llevó a un parque del barrio donde vio a un niño de cuatro o cinco años muy

EN VEZ DE CONSENTIMIENTO ILIMITADO...

mandón y brusco con los otros niños que había a su alrededor, algunos muy pequeños. La madre del chico había decidido no intervenir, al parecer porque «prefería no resolver los problemas por él». Al final, otra mamá le hizo saber que su hijo se mostraba muy rudo y no dejaba a los demás niños usar el tobogán. Entonces la madre lo reprendió con dureza desde el otro lado: «¡Brian! ¡Deja a estos niños bajar por el tobogán o nos vamos a casa!» En respuesta, él la llamó estúpida y se puso a tirar arena. «Muy bien, nos vamos», replicó ella, y empezó a recoger las cosas, pero el pequeño se negaba a irse. La madre continuó con sus amenazas, aunque sin pasar a la acción. Cuando Dan se fue con sus hijos diez minutos después, la mamá y su chaval seguían allí.

Aquí se plantea la cuestión sobre a qué nos referimos cuando hablamos de conectar. En este caso, el problema no era que el chico estuviera agitado y chillara. Le costaba mucho regular sus impulsos y manejar la situación, si bien esto se expresaba más como conducta obstinada y antagónica. Con todo, era precisa la conexión antes de que la madre intentara redirigirlo. Cuando un niño no está abrumado por las emociones sino que simplemente toma decisiones negativas, conectar quizás equivalga a reconocer cómo está sintiéndose en ese momento. Ella habría podido acercarse y decir: «Parece que te divierte decidir quién baja por el tobogán. Cuéntame qué estáis haciendo aquí tú y tus amigos.»

Una sencilla declaración así, dicha en un tono que transmita interés y curiosidad en vez de dictamen y enojo, establece una conexión emocional entre los dos. A continuación, la madre habría podido proseguir de manera más creíble con su redirección, que expresaría el mismo sentimiento de antes pero con un tono muy distinto. Dependiendo de su personalidad y del temperamento del hijo, la madre podría decir algo como: «Bueno, otra mamá acaba de decirme que algunos niños quieren usar el tobogán y no les gusta que tú no les dejes hacerlo. El tobogán es para todos los niños del parque. ¿Se te ocurre alguna idea para poder compartirlo todos?»

En un buen momento, el niño quizá contestaría esto: «¡Sí! Yo bajo, doy la vuelta y ellos pueden bajar mientras yo vuelvo a subir.» En un momento menos generoso, tal vez se negaría; entonces la madre quizá tendría que decir esto: «Si es demasiado difícil utilizar el tobogán compartiéndolo con tus amigos, hemos de hacer algo diferente, como ir a jugar a otro sitio.»

Con esta clase de declaraciones, la madre estará sintonizando con el estado emocional del niño mientras sigue imponiendo límites que le enseñan la necesidad de ser considerado con los demás. Si hiciera falta, incluso podría darle una segunda oportunidad. Pero si entonces se niega a obedecer y se pone a lanzar más insultos y más arena, ella debe seguir adelante con la redirección prometida: «Veo que estás realmente enfadado y decepcionado por lo de irnos del parque. Pero ahora mismo no podemos quedarnos porque te cuesta mucho tomar buenas decisiones. ¿Quieres andar hacia el coche? ¿O quieres que te lleve yo? Tú decides.» Luego la madre ha de hacer esto realidad.

De modo que sí, siempre queremos conectar con nuestros hijos de forma emocional.

EN VEZ DE DAR ÓRDENES Y EXIGIR...

CONECTAR A LA VEZ QUE SE ESTABLECEN LÍMITES

Sin embargo, además de conectar hemos de ayudar a los niños a tomar buenas decisiones y a respetar las normas mientras nos comunicamos con claridad y mantenemos los límites. Es lo que necesitan los niños, e incluso lo que quieren en última instancia. Porque cuando sus estados emocionales los toman —a ellos y a todos los demás— como rehenes, no se sienten bien. Eso los deja en la orilla del caos del río, donde se notan descontrolados. Podemos ayudarles a retornar su cerebro a un estado de integración y devolverlos a la corriente del río enseñándoles las reglas que les ayuden a comprender el funcionamiento del mundo y las relaciones. Aportar estructura parental a su vida emocional brinda a los niños una sensación de seguridad y la libertad de sentir.

Queremos que nuestros hijos aprendan que las relaciones prosperan con respeto, estímulos, calidez, consideración, cooperación y compromiso. Así pues, queremos interaccionar con ellos desde una óptica que haga hincapié en ambas conexiones y en el establecimiento de límites. En otras palabras, si prestamos sistemáticamente atención a su mundo interno mientras a la vez asentamos criterios de conducta, estas son las lecciones que aprenderán. De la estructura y la sensibilidad parental surgen la resiliencia, los recursos y la capacidad relacional de un niño.

Así pues, a la larga, los niños necesitan que fijemos límites y comuniquemos nuestras expectativas. Pero aquí la clave es que la disciplina debe comenzar con la educación de los hijos y la sintonización con su mundo interior, lo que les permitirá saber que sus padres les ven, les oyen y les quieren, incluso cuando estén haciendo algo malo. Si los niños se sienten vistos, protegidos y aliviados, se notan seguros y prosperan. Así es como podemos evaluar la mente de los hijos mientras les ayudamos a moldear y estructurar la conducta. Podemos ayudar a orientar un cambio de comportamiento, enseñar una habilidad nueva o explicar una manera interesante de abordar un problema, todo ello mientras evaluamos la estructura mental que subyace a la conducta. Es así como imponemos disciplina e impartimos enseñanzas mientras alimentamos en nuestro hijo un sentido de sí mismo y de conexión con nosotros. Partiendo de estas ideas y

ASÍ ES LA CONEXIÓN:

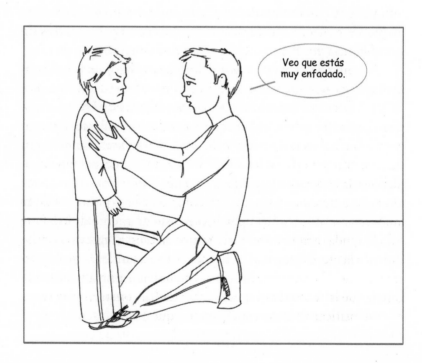

con estas destrezas sociales y emocionales, el pequeño podrá interactuar con el mundo que le rodea, pues en su cerebro se habrán establecido las conexiones para esperar ser amados sin condiciones y que sus necesidades sean satisfechas.

Así pues, la próxima vez que uno de tus hijos pierda el control o haga algo que produzca tu enfado, recuerda que en momentos de emoción intensa, para el niño la necesidad de conexión es máxima. En efecto, tendrás que abordar la conducta, redirigir y enseñar las lecciones. Pero primero habrás de reformular estos sentimientos fuertes y reconocerlos como lo que son: una invitación a la conexión. *Cuando tu hijo tiene un berrinche, es cuando más te necesita.* Conectar es compartir la experiencia de tu hijo, estar a su lado, acompañarlo en este momento difícil. Con ello le ayudas a integrar su cerebro y le ofreces la regulación emocional a la que es incapaz de acceder por su cuenta. Después puede regresar a la corriente del río del bienestar. Le habrás ayudado a pasar de la reactividad a la receptividad, a construir el cerebro y a intensificar y fortalecer el vínculo que os une.

4

«Conexión Sin Lágrimas» en acción

Estando una noche Tina y su familia cenando en casa, ella y su marido advirtieron que su hijo de seis años llevaba varios minutos en el cuarto de baño. Lo encontraron jugando con el iPad de Tina en el salón. Tina cuenta la historia así:

Al principio me sentí frustrada porque mi hijo de seis años había incumplido varias de nuestras reglas. Se había escabullido de la mesa y había jugado con el iPad sin pedir permiso. También había sacado el iPad de su funda, sabiendo que esto no se podía hacer. Ninguna de las infracciones era muy importante. El problema era que había hecho caso omiso de las normas que habíamos establecido entre todos.

Primero pensé en mi hijo, en su temperamento y su fase de desarrollo. Como hemos dicho varias veces Dan y yo, cuando se decide sobre el modo de imponer disciplina hay que tener en cuenta siempre el contexto. Yo sabía que, como mi hijo es un pequeño sensible y serio, seguramente no me haría falta decir mucho para corregir su conducta.

Scott y yo nos sentamos en el sofá, a su lado, y yo dije sin más, con tono de curiosidad: «¿Qué ha pasado aquí?»

A mi hijo se le llenaron los ojos de lágrimas y con labios temblorosos dijo: «¡Solo quería jugar al Minecraft!»

La comunicación no verbal era un reflejo de su conciencia interna y su propio malestar, y las palabras, un reconocimiento de culpa. Es su declaración estaba implícito este mensaje: «Sé que no debía levantarme de la mesa y coger el iPad, ¡pero es que me moría de ganas de jugar! Mi impulso era demasiado fuerte.» Resumiendo, a estas alturas yo ya sabía que la parte redirectora de la conversación no iba a ser muy exigente. Otras veces sí lo había sido; pero no ahora, cuando ya había cierta toma de conciencia por su parte.

No obstante, antes de redirigir quise ir a su encuentro y conectar con él desde el punto de vista emocional. «Te interesa mucho este juego, ¿verdad? —dije—. Tienes curiosidad por saber a qué juegan los chicos mayores.»

Scott siguió mi ejemplo y comentó algo sobre lo chulo que era que el juego permita crear todo un mundo lleno de edificios, túneles y animales.

Nuestro hijo nos miró con timidez, paseando la mirada de Scott a mí, como preguntándose si las cosas iban realmente bien. Luego asintió y esbozó una dulce sonrisa.

Con unas cuantas frases y miradas se había establecido la conexión. Ahora Scott y yo podíamos redirigir. Y de nuevo, como conocíamos al niño y sabíamos dónde estaba en ese momento, la situación no requirió demasiado de nosotros. Scott solo dijo esto: «Entonces, ¿qué hay de las normas?»

Aquí el niño se puso a llorar en serio. «Sé que esta noche tus decisiones no se han ajustado a las reglas —dije—. La próxima vez lo harás de otra manera, ¿verdad?»

El niño asintió sin dejar de llorar, y acto seguido prometió que la próxima vez pediría permiso para levantarse de la mesa. Nos abrazamos y luego Scott le hizo una pregunta sobre Minecraft, lo que llevó al pequeño a explicar a su papá algo sobre una trampilla y una mazmorra. Se fue animando, dejó atrás la culpa y las lágrimas, y nos reincorporamos todos a la mesa. La conexión había desembocado en la redirección, lo cual significaba no solo que podía producirse la enseñanza, sino también que nuestro hijo se sentía comprendido y querido.

ESTABLECIMIENTO DE LA FASE
DE LA CONEXIÓN: FLEXIBILIDAD DE RESPUESTA

En el capítulo anterior hemos analizado la conexión como primer paso del proceso disciplinario. Ahora nos centraremos en cómo aplicarla, y recomendaremos principios y estrategias en las que puedes basarte cuando tu hijo está alterado o se porte mal. A veces la conexión es bastante sencilla, como lo fue para Tina. Pero en general es más complicada.

Mientras examinamos sugerencias para la conexión, evitamos la tentación de buscar la técnica «de talla única» que se supone aplicable a todas las situaciones. Los siguientes principios y estrategias son muy efectivos la mayoría de las veces. No obstante, debes aplicarlos a partir de tu propio estilo parental, la situación en que te encuentres y el temperamento de tu hijo. En otras palabras, hay que mantener una flexibilidad de respuesta.

«Flexibilidad de respuesta» significa exactamente esto: ser flexible con respecto a nuestra respuesta a una situación. Significa hacer una pausa para pensar y escoger las mejores medidas que pueden tomarse. Nos permite separar el estímulo de la respuesta, para que nuestra reacción no derive directamente (ni involuntariamente) del comportamiento del niño ni de nuestro caos interno. Así, cuando sucede A, no hacemos automáticamente B, sino que tomamos en consideración B, C o incluso una combinación de D y E. La flexibilidad de respuesta crea, en el tiempo y en la mente, un espacio que permite un amplio abanico de posibilidades que tener en cuenta. Como consecuencia de ello, podemos simplemente «estar» en una experiencia, aunque sea solo durante unos segundos, y reflexionar antes de implicar a los circuitos de «hacer».

La flexibilidad de respuesta te ayuda a decidir ser tu yo más sensato posible en un momento difícil con tu hijo, para que pueda darse la conexión. Es prácticamente lo contrario de la disciplina del piloto automático, donde aplicas un enfoque robótico «de talla única» a todos los escenarios que surgen. Cuando somos flexibles en las respuestas al estado de ánimo de los niños y su mala conducta, nos permitimos responder intencionalmente a cada situación de la mejor manera posible para procurarles lo que necesitan en el momento.

Según sea la infracción del niño, acaso haga falta dedicar un momento a tranquilizarte. Como regla general, es mejor no responder inmediatamente después de que hayas presenciado la mala conducta. Sabemos cómo te *sentirás* en pleno acaloramiento, con ganas de dar órdenes y gritar que, como tu hija ha empujado a su hermano a la piscina, se le acabó nadar para el resto del verano. (A veces somos ridículos a más no poder.) Sin embargo, si te tomas unos segundos para calmarte en vez de montar un número en la piscina pública y rebasar la marca disciplinaria, tendrás más posibilidades de responder de forma intencional, con una parte más sosegada y reflexiva de ti mismo, a lo que tu hija necesita justo en ese instante. (Otra ventaja es que así evitarás ser la comidilla del pueblo a la hora de la cena: «Tendrías que haber visto hoy a ese loco en la piscina.»)

En otras ocasiones, gracias a la flexibilidad de respuesta quizá decidas adoptar una postura *más firme* de lo normal sobre un problema. Si adviertes señales de que tu hijo de once años está eludiendo sus responsabilidades y sus tareas escolares, tal vez decidas *no* llevarlo de vuelta a la escuela a recuperar el libro que (¡otra vez!), «sin saber cómo», se ha olvidado en la taquilla. Así establecerías sinceros lazos de empatía con él y te asegurarías de conectar —«vaya lata que te hayas olvidado el libro y no puedas hacer los deberes para mañana»—, pero a la vez le permitirías experimentar los naturales y lógicos efectos secundarios de su olvido. O acaso *sí* lo llevarías a buscar el libro porque su personalidad o el contexto te inducen a pensar que este sería el mejor enfoque del asunto. Ahí está la clave. «Flexibilidad de respuesta» significa que procuras *decidir* cómo quieres responder ante cada situación que se plantee, en lugar de reaccionar sin más ante la misma.

Como pasa con muchos aspectos de la crianza de los hijos, la flexibilidad de respuesta tiene que ver sobre todo con educarlos de manera intencional. Estamos hablando de tener presentes las necesidades de tu hijo —*de este hijo concreto*— en este momento concreto. Si en tu cabeza dicho objetivo ocupa un lugar destacado, la conexión se producirá necesariamente.

Veamos ahora algunas maneras específicas de usar la flexibilidad de respuesta para conectar con tus hijos cuando les cuesta desenvolverse bien o están tomando decisiones desatinadas. Empezaremos centrándonos en tres principios de conexión Sin Lágrimas que crean el marco idóneo para la conexión entre padres e hijos y facilitarla. Después pasaremos a ver estrategias de conexión más inmediatas, del momento.

Principio de conexión n.º 1:
Baja la «música tiburón»

Si has oído hablar a Dan, quizá le hayas visto exponer el concepto de «música tiburón». Así explica la idea:

> Primero pido al público que controle la respuesta de su cuerpo y su mente mientras les paso un vídeo de treinta segundos.* En la pantalla se ve lo que parece un hermoso bosque y un sendero rústico que baja por un camino hasta un mar precioso. Durante todo el rato suena una música de piano tranquila, de estilo clásico, que transmite una sensación de paz y serenidad en un entorno idílico.
>
> Entonces paro el vídeo y pido a la gente que lo vuelva a ver, pero, aunque va a ser exactamente lo mismo, esta vez sonará de fondo una música diferente. A continuación, los presentes ven las imágenes —el bosque, el sendero rústico, el mar—, pero ahora la banda sonora es amenazadora y

---

* Este vídeo fue producido originariamente por el Círculo del Programa de Intervención en Seguridad. Véase su gran trabajo en el libro *The Circle of Security Intervention*, de Bert Powell *et al.* (Guilford Press, Nueva York, 2013).

sombría, parecida al famoso tema musical de la película *Ti-burón*, y altera totalmente el modo de percibir la escena. Esta vez todo parece inquietante —a saber lo que podría aparecer de repente—, y el camino conduce a algún lugar al que casi seguro no queremos ir. Es una incógnita lo que nos encontraremos en el agua al final del recorrido; según la música, probablemente un tiburón. Sin embargo, pese a nuestro miedo, la cámara sigue acercándose al agua.

Son exactamente las mismas imágenes, pero, como descubre el público, la experiencia cambia drásticamente con una música de fondo distinta. Una banda sonora conduce a la paz y la serenidad; la otra, al miedo y al terror.

Cuando interaccionamos con nuestros hijos pasa algo similar. Hemos de prestar atención a la música de fondo. La «música tiburón» nos saca del momento presente, por lo que practicamos una conducta parental basada en el miedo. Nuestra atención se focaliza en cualquier cosa sobre la que estemos sintiéndonos reactivos. Nos preocupa lo que va a pasar en el futuro, o respondemos a algo procedente del pasado. Si hacemos esto, nos perdemos lo que está pasando realmente en este preciso momento: lo que los niños necesitan y lo que están comunicando de veras. Como consecuencia de ello, no les damos lo mejor. En otras palabras, la «música tiburón» nos impide educar a este niño concreto en este momento concreto.

Por ejemplo, imagínate que tu hija de diez años llega a casa con su primer boletín de calificaciones y descubres que, como estuvo enferma y se perdió un par de clases, la nota de matemáticas es inferior a la que esperabas. Sin «música tiburón» sonando de fondo, podrías atribuir esto a las ausencias o a la mayor dificultad de las materias en este curso. Tomarías medidas para asegurarte de que ella entienda las lecciones, y acaso decidas ir a hablar con su profesor. En resumen, enfocarías la situación desde una perspectiva tranquila y racional.

En cambio, si el hermano mayor de la niña, con catorce años, ha demostrado ser poco responsable con sus deberes escolares y ha tenido verdaderas dificultades con el álgebra, esta experiencia previa puede llegar a ser «música tiburón» que suena en tu cabeza mientras tu hija te enseña el boletín. «Ya estamos otra vez», podría ser el estribillo que se apodera de tus pensamientos. Así pues, en vez de responder a la situación como habrías hecho normalmente, preguntando a la niña cómo se siente e intentando averiguar qué es lo mejor para ella, piensas en los problemas del chico con el álgebra y reaccionas de forma exagerada ante la situación de la niña. Te pones a hablar con ella sobre posibles castigos y reducción de actividades extraescolares. Si la «música tiburón» te llega de veras, quizá te pongas a sermonearle sobre lo de ir a buenas universidades y la cadena de episodios que van desde una mala nota en matemáticas de quinto curso a problemas en la secundaria y por fin a un montón de cartas de rechazo de universidades de todo el país. Antes de darte cuenta, tu adorable hija de diez años se ha transformado en una sin techo que empuja un carrito de la compra hacia la caja de cartón en la que vive bajo el puente junto al río..., ¡y todo porque no se acordó de hacia dónde apuntaba el símbolo «mayor que»!

Como suele suceder, la clave de una respuesta Sin Lágrimas es la toma de conciencia. En cuanto *reparas* en que la «música tiburón» resuena en tu cabeza, puedes cambiar tu estado de ánimo y dejar de actuar partiendo del miedo y de experiencias pasadas que no son aplicables al escenario al que te enfrentas ahora. En lugar de ello, puedes conectar con tu hija, que posiblemente esté desanimada. Puedes darle lo que necesita en este momento: un padre totalmente presente, que la educa *solo a ella* partiendo *solo de hechos reales de esta situación concreta,* no basándose en expectativas pasadas ni en miedos futuros.

Esto no equivale a decir que no debamos prestar atención a patrones de conducta a lo largo del tiempo. También podemos quedar atrapados en estados de negación en los que contextualizamos demasiado la conducta y justificamos las repetidas dificultades de nuestros hijos con toda clase de excusas que nos impiden buscar la intervención o ayudarles a crear las destrezas que necesitan. Estamos ante el caso de un hijo que nunca es culpable de nada y a quien sus progenitores nunca hacen responsable de nada.

Cuando la «excusa de turno» se convierte en un patrón de respuesta parental, seguramente los padres están actuando con arreglo a otra clase de «música tiburón». Esto recuerda a los padres cuyos hijos fueron enfermizos de pequeños y a quienes ahora la «música tiburón» los lleva a pasarse de precavidos, a tratarlos como si fueran más frágiles de lo que son en realidad.

El caso es que la «música tiburón» quizá nos impida criar a los hijos de forma intencional y ser lo que los niños necesitan que seamos en un momento dado. Nos vuelve reactivos en lugar de receptivos. A veces hemos de adaptar nuestras expectativas y darnos cuenta de que los niños necesitan más tiempo para que se despliegue su desarrollo; otras veces debemos adaptar las expectativas y darnos cuenta de que los niños son capaces de *más* de lo que les pedimos, por lo cual podemos plantearles retos en cuanto a que asuman más responsabilidades en sus decisiones. Y aún otras veces hemos de prestar atención a nuestras aspiraciones, necesidades y experiencias pasadas, cualquiera de las cuales puede socavar nuestra capacidad de tomar decisiones correctas momento a momento. El problema es que, cuando somos reactivos, no recibimos información de los demás ni manifestamos ninguna flexibilidad de respuesta ante las diversas opciones que tenemos en la cabeza. (Si quieres ahondar en este concepto, Dan lo trata ampliamente en *Ser padres conscientes: un mejor conocimiento y comprensión de nosotros mismos contribuye a un desarrollo integral y sano de nuestros hijos*, escrito conjuntamente con Mary Hartzell.)

En última instancia, nuestro cometido consiste en procurar amor incondicional y presencia tranquila a los niños incluso cuando tienen una pataleta de campeonato. Es así como permanecemos receptivos en vez de reactivos. Y el punto de vista que adoptemos sobre su conducta afectará necesariamente al modo de responderles. Si los reconocemos como los niños todavía en desarrollo que son, con un cerebro cambiante, cam-

EN VEZ DE «MÚSICA TIBURÓN»...

CONECTA CON TU HIJA, QUE TE NECESITA

LA NEGACIÓN PUEDE SER HORRIBLE...

biable y complejo, cuando se enrabietan o hacen algo que nos disgusta, nos conviene ser receptivos y escuchar la relajante música de piano. Así interactuaremos con ellos de una manera que nos ayude más a alcanzar la paz y la serenidad.

Por otro lado, la «música tiburón» nos saca del momento presente y nos quita claridad mental, al tiempo que nos volvemos reactivos. Esto alimenta el caos interno y nos lleva a emitir toda clase de suposiciones, a preocuparnos por toda suerte de posibilidades que simplemente no deberían ser tenidas en cuenta en esta situación concreta. Incluso puede hacernos suponer automáticamente que los niños están «portándose mal» porque son egoístas, perezosos, mimados y cosas por el estilo. Entonces respondemos no a partir del amor y la intencionalidad, sino de la reactividad, la ira, la ansiedad, el enfrentamiento y el miedo.

Así pues, la próxima vez que tengas que imponer disciplina, haz una breve pausa y escucha la banda sonora de tu cabeza. Si oyes un piano tranquilo y te sientes capaz de ofrecer una respuesta afectuosa, objetiva y lúcida a la situación, sigue adelante. Si por el contrario oyes la «música tiburón», ten cuidado con lo que vas a hacer y decir. Espera un minuto —algo más, si hace falta— antes de responder. Luego, cuando notes que te libras de los temores, de las expectativas y de la excesiva reactividad que te impide ver la situación como lo que es realmente, ya puedes responder. Solo con prestar atención a la música de fondo de un momento disciplinario, serás mucho más capaz de *responder con flexibilidad* en vez de *reaccionar rígida o caóticamente*, y ofrecer a tus hijos lo que necesitan en ese preciso instante. La clave es responder, no reaccionar.

Principio de conexión n.º 2: Buscar el porqué

Una de las peores consecuencias de la «música tiburón» es la tendencia parental a emitir suposiciones sobre lo que percibimos como evidente. Si una banda sonora de miedo, con carga emocional, te nubla la mente cuando interaccionas con los niños, es poco probable que vayas a ser objetivo sobre las razones por las que se comportan así. En lugar de ello, seguramente reaccionarás sin más partiendo de información que acaso no sea del todo exacta. Darás por sentado que hay un tiburón nadando en el agua o un monstruo oculto tras un árbol, aunque no haya nada de todo eso.

Cuando tus hijos están jugando en la habitación de al lado y oyes que el más pequeño se pone a llorar, parece perfectamente justificado entrar, mirarlo y decir con tono serio: «¿Qué has hecho esta vez?» Pero si el niño dice «No, papá, solo me he caído y me hecho daño en la rodilla», te das cuenta de que lo que parecía obvio no lo era ni mucho menos, y que la «música tiburón» te ha despistado (una vez más). Como tu hijo pequeño ha hecho de las suyas en el pasado, habías dado por supuesto que ahora también era el caso.

Pocas acciones parentales entorpecen más deprisa la co-

EN VEZ DE ECHAR LA CULPA Y CENSURAR...

BUSCA EL PORQUÉ

nexión que presuponer lo peor y reaccionar en consecuencia. Así, en vez de hacer suposiciones y basarse en información que acaso sea inexacta, mejor poner en duda lo que parece evidente. Seamos detectives. Pongámonos la gorra de Sherlock Holmes. Sí, el personaje de Arthur Conan Doyle. Sherlock Holmes decía lo siguiente: «Es un error mayúsculo teorizar antes de tener datos. Sin darse cuenta, uno se pone a retorcer los hechos para que se ajusten a las teorías, en vez de hacer que las teorías se acomoden a los hechos.»

Cuando nos ocupamos de los niños, es peligroso teorizar antes de disponer de los datos. Lo que hemos de hacer es tener curiosidad. Hemos de «perseguir el porqué».

La curiosidad es la piedra angular de la disciplina efectiva. Antes de responder al comportamiento de tu hijo —sobre todo si no te gusta—, haz la siguiente reflexión: «Me pregunto por qué lo ha hecho.» Y deja que esto te lleve a otros pensamientos: «¿Qué quiere ahora? ¿Está pidiendo algo? ¿Intenta descubrir alguna cosa? ¿Qué está comunicando?»

Cuando un niño actúa de una manera que no nos gusta, la tentación es decir: «¿Cómo ha podido *hacer* esto?» En vez de ello, busca el porqué. Si entras en el cuarto de baño y descubres que tu hija de cuatro años ha «decorado» el lavabo y el espejo con papel higiénico húmedo y un lápiz de labios que ha encontrado en un cajón, muestra curiosidad. Es normal que te sientas contrariado. Pero, en cuanto sea posible, averigua el porqué. Deja que la curiosidad sustituya al descontento. Habla con tu hija y pregúntale qué ha pasado. Lo más probable es que oigas algo totalmente verosímil, al menos desde su perspectiva, y quizá de lo más gracioso. La mala noticia es que igualmente tendrás que arreglar el desorden (a poder ser con su ayuda). La buena es que habrás permitido a tu curiosidad dar una respuesta más precisa —y divertida, interesante y sincera— a la conducta de tu hija.

Lo mismo es aplicable cuando la profesora de tu hijo de siete años te manda llamar para discutir ciertos problemas «de control de impulsos» referentes al niño. La maestra te explica

EN VEZ DE ECHAR LA CULPA Y CRITICAR...

BUSCA EL PORQUÉ

que tu hijo no respeta la autoridad y que ha comenzado a hacer ruidos y comentarios inapropiados durante la clase de lectura. Tu primera reacción quizá sea la de iniciar con el niño una conversación del tipo «No es así como hay que comportarse, oye». Sin embargo, si buscas el porqué y le preguntas sus motivos, quizá descubras que «Truman me dice que soy divertido cuando lo hago, y ahora me deja estar a su lado en la cola del almuerzo». Aún tienes que efectuar algo de redirección y trabajar con el niño sobre maneras adecuadas de moverse por el difícil mundo de las relaciones del patio de recreo, pero así serás capaz de hacerlo con información mucho más precisa sobre sus necesidades emocionales y lo que realmente está motivando sus acciones.

Buscar el porqué no significa que forzosamente debamos preguntar a los niños «¿Por qué has hecho esto?» cada vez que se plantee una situación disciplinaria. De hecho, esta pregunta acaso dé a entender desaprobación o dictamen inmediatos más que curiosidad. Además, a veces los niños, sobre todo los más pequeños, no saben por qué están alterados o por qué han hecho tal o cual cosa. Puede que la percepción personal y la conciencia de sus objetivos y motivaciones sean todavía escasas. Por eso no se trata de *preguntar* el porqué, sino de *averiguarlo*. Esto es algo más que formular mentalmente la pregunta «por qué», lo que te permite ser curioso y preguntarte de dónde viene tu hijo en este momento.

A veces, la conducta que queremos abordar no es tan benigna como una decoración con lápiz de labios o alguna chifladura. En ocasiones el niño toma decisiones que desembocan en objetos rotos, cuerpos magullados y relaciones dañadas. En estos casos, es más importante aún si cabe que busquemos el porqué. *Necesitamos* tener curiosidad sobre lo que ha impulsado al niño a lanzar con ira el destornillador, a golpear a un compañero, a soltar palabrotas ofensivas. No basta con encarar el comportamiento sin más. El comportamiento humano tiene casi siempre una finalidad. Hemos de saber qué hay *detrás*, qué lo provoca. Si nos centramos solo en la conducta del niño (su mundo externo), nos fijaremos solo en los síntomas, no en la causa. Y si únicamente tenemos en cuenta los síntomas, nos veremos obligados a tratarlos una y otra vez.

En cambio, si nos ponemos la gorra de Sherlock Holmes y perseguimos el porqué, buscando con curiosidad la causa primordial subyacente a la conducta, podemos averiguar con más claridad lo que le pasa realmente a nuestro hijo. Quizá descubramos verdaderas razones de preocupación que han de ser abordadas. Tal vez nos enteremos de que estábamos haciendo suposiciones falsas. O a lo mejor veamos que su «mala conducta» es una respuesta adaptativa a algo que exige demasiado de él. Quizá, por ejemplo, tu hijo no finge encontrarse mal el día antes de la clase de educación física porque sea perezoso, carezca de interés o quiera llevar la contraria, sino porque es su mejor estrategia para gestionar la tremenda timidez que siente al realizar alguna actividad deportiva delante de sus compañeros.

Si nos preguntamos qué están intentando hacer los niños y les permitimos explicar la situación antes de precipitarnos a juzgar, seremos capaces de reunir datos reales de su mundo interno, en contraposición a reaccionar sin más partiendo de suposiciones, teorías inexactas o «música tiburón». Además, cuando buscamos el porqué y primero conectamos, hacemos saber a los niños que estamos a su lado, que nos interesa su experiencia interna. Mediante nuestra respuesta a cada situación, les decimos que cuando no sepamos realmente qué ha pasado, les concederemos el beneficio de la duda. Tampoco en este caso significa que debamos hacer la vista gorda ante la mala conducta, sino solo conectar primero formulando preguntas y mostrando curiosidad por lo que subyace al comportamiento externo del niño y lo que está pasando en su interior.

Principio de conexión n.º 3: Pensar en el cómo

Escuchar «música tiburón» y buscar el porqué son principios que, durante un momento disciplinario, nos piden tener en consideración nuestro panorama interno y el del niño. El tercer principio de conexión se centra en el modo en que interaccionamos realmente con nuestros hijos. Nos estimula a tener en cuenta el modo de hablarles cuando les cuesta controlarse o tomar decisiones acertadas. *Lo que* decimos a nuestros hijos es importante, desde luego. Pero tan importante o más es *cómo* decirlo.

Imagina que tu hijo de tres años no se coloca en el asiento del coche. He aquí unos cuantos *cómos* para decir exactamente el mismo *qué*:

- Con los ojos muy abiertos y un tono fuerte y enojado: «*¡Ponte en el asiento!*»
- Con los dientes apretados, los ojos entornados y furia contenida en la voz: «Ponte en el asiento.»
- Con rostro relajado y tono afectuoso: «Ponte en el asiento.»
- Con expresión facial de chiflado y voz bobalicona: «Ponte en el asiento.»

La idea es esta. El *cómo* importa. A la hora de ir a la cama puedes utilizar una amenaza: «Acuéstate ahora o no hay cuento.» O puedes decir: «Si te acuestas ahora, tendremos tiempo de leer. Pero si no te metes en la cama enseguida, no habrá tiempo y no nos quedará más remedio que saltarnos la lectura.» El mensaje es el mismo, pero el *modo* de transmitirlo resulta muy diferente. Produce una sensación muy distinta. Ambos *cómos* modelan maneras de hablar con los otros. Ambos establecen un límite. Ambos efectúan la misma petición. Pero no se perciben ni mucho menos de la misma forma.

El *cómo* determina qué sienten los niños sobre nosotros y sobre sí mismos, y qué aprenden sobre el trato a los demás.

Además, el *cómo* contribuye en gran medida a determinar su respuesta en el momento y nuestro grado de éxito en la obtención de un resultado efectivo que haga más felices a todos. Por lo general, los niños cooperan con mucha más rapidez si se sienten conectados con nosotros y cuando los implicamos en un intercambio agradable y festivo. En definitiva, es el *cómo* lo que determina qué. Al imponer disciplina, podemos ser mucho más eficaces si nuestro *cómo* es respetuoso, alegre y tranquilo.

Así pues, estos son los tres principios de conexión. Si verificamos la «música tiburón», buscamos el porqué y pensamos en el cómo, establecemos el marco de la conexión. Debido a ello, cuando los niños se comportan de una manera que no nos gusta, tenemos la oportunidad de conectar primero, dando prioridad a la relación y aumentando las posibilidades de un resultado disciplinario satisfactorio. Veamos ahora algunas estrategias de conexión específicas.

CICLO DE CONEXIÓN SIN LÁGRIMAS

¿Cómo es realmente la conexión? ¿Qué podemos hacer para ayudar a nuestros hijos a *sentirse sentidos* y a comprender que estamos con ellos, justo en medio del lío en que estén metidos, mientras emprendemos el proceso disciplinario?

Como de costumbre, la respuesta cambiará en función de cada niño individual y de tu estilo parental personal, pero en la mayoría de los casos la conexión se reduce a un proceso cíclico de cuatro fases. Lo denominamos «ciclo de conexión Sin Lágrimas».

No siempre se sigue exactamente el mismo orden, pero en general conectar con los niños cuando están alterados o portándose mal conlleva estas cuatro estrategias. La primera, transmitir consuelo.

CICLO DE CONEXIÓN SIN LÁGRIMAS

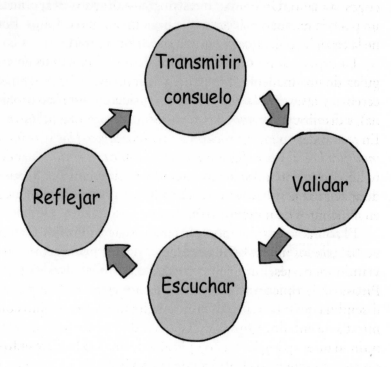

Estrategia de conexión n.º 1:
Transmitir consuelo

Recuerda que a veces los niños necesitan tu ayuda para calmarse y tomar buenas decisiones. Cuando tenemos más problemas de disciplina es cuando sus emociones se apoderan de ellos. E igual que tomas en brazos, acunas o acaricias a un bebé para tranquilizar su sistema nervioso, también querrás ayudar a tus hijos a calmarse cuando lo necesitan. Las palabras son útiles, sobre todo cuando estás validando sentimientos. De todos modos, la mayor parte del apoyo se produce de manera no verbal. Podemos comunicar *mucho* sin hablar siquiera.

La respuesta no verbal más potente es una que probablemente damos de manera automática: tocar al niño. Le pones la mano en el brazo. Lo atraes hacia ti. Le masajeas la espalda. Le coges la mano. Un contacto cariñoso —sutil, como apretarle un poco la mano; o más efusivo, como un abrazo cálido— tiene la capacidad de desactivar una situación agitada.

La explicación es que cuando notamos el contacto de alguien de una manera estimulante y afectuosa, se liberan en el cerebro y el cuerpo hormonas de la felicidad (como la oxitocina), y disminuyen los niveles de cortisol, la hormona del estrés. En resumidas cuentas, *procurar a los niños afecto físico cariñoso modifica literal y beneficiosamente su química cerebral.* Cuando tu hijo (¡o tu pareja!) se sienta alterado, tocarlo con cariño puede apaciguar la situación y ayudar a los dos a conectar, incluso en momentos de mucho estrés.

El contacto es solo uno de los medios de comunicación no verbal con los niños. En realidad, continuamente estamos enviando mensajes, aunque no pronunciemos palabra alguna. Piensa en la típica postura de tu cuerpo cuando les impones disciplina. ¿No te has visto nunca inclinado sobre el niño con mirada de enfado? Quizás estás diciendo con un tono de voz intimidante: «¡Déjalo ya!» o «¡Acaba de una vez!». Este enfoque es en esencia lo contrario de la conexión, y no será efectivo para sosegar al niño. Tu respuesta rotunda intensificará aún más sus emociones. Aunque esta estrategia dé como resultado que el niño *parece* tranquilo, en realidad está sintiéndose todo lo contrario. El corazón le late con fuerza en respuesta al estrés porque tiene tanto miedo que desconecta sus emociones y oculta sus sentimientos para evitar que te enfades más.

¿Te acercarías de este modo a un animal alterado? Si tuvieras que interactuar con un perro que parece enfurecido, ¿te acercarías con una postura corporal agresiva exigiéndole al perro que «lo dejara ya y se calmara»? No sería muy sensato ni muy efectivo, pues así comunicarías al perro que eres una amenaza, y el animal no tendría otra opción que reaccionar: encogerse de miedo o luchar. Así pues, nos han enseñado a acercarnos a un perro tendiendo el dorso de la mano, agachándonos y hablando con voz suave y tranquilizadora. Si hacemos esto, todo nuestro cuerpo transmite un mensaje: «No soy una amenaza.» En respuesta, el perro quizá se relaje, se calme, se sienta seguro y se acerque y se acomode.

Con las personas pasa lo mismo. Si nos sentimos amenazados, no se activa nuestro circuito de engranaje social. Nos cuesta implicar al cerebro superior, la parte reflexiva que toma decisiones sensatas y tiene capacidad para establecer lazos de empatía y regular las emociones y el cuerpo. En vez de tranquilizarnos y tomar decisiones atinadas, reaccionamos sin más. Desde un punto de vista evolutivo, esta reacción es lógica. Cuando el cerebro detecta amenaza, el área inferior se pone inmediatamente en guardia y se activa al máximo. Funcionar con arreglo a este método más primitivo nos permite mantenernos seguros al incrementar la atención, actuar con rapidez y sin pensar, o al entrar en modo «luchar, escapar, quedarse quieto o desmayarse».

Algo similar ocurre con los niños. Cuando las emociones se intensifican y respondemos transmitiendo amenaza —mediante la mirada frustrada o enfadada, el tono furioso, la postura intimidatoria (con las manos en las caderas, meneando un dedo, inclinados hacia delante)—, su respuesta biológica innata será activar el cerebro inferior. Sin embargo, si sus cuidadores comunican «No soy una amenaza», entonces la parte reactiva, impulsiva y pendenciera del cerebro pierde importancia, y los niños pueden pasar a un modo de procesamiento que les permita desenvolverse bien.

Así, ¿cómo comunicamos «no soy una amenaza» a los niños, también en medio de emociones que empiezan a desbocarse? Conectando. Una de las maneras más efectivas y convincentes de hacer esto es colocando el cuerpo en una postura opuesta a la de imponer y amenazar. Aunque muchas personas hablan de situarse a la altura de los ojos del niño, una de las formas más rápidas para transmitir seguridad y ausencia de amenaza es colocándose *por debajo* de dicho nivel de los ojos y poniendo el cuerpo en una posición relajada que comunique calma. Vemos que otros mamíferos hacen esto para mandar el mensaje de «No soy una amenaza, no tienes por qué pelear conmigo».

Te recomendamos que pruebes esta técnica «por debajo del nivel de los ojos» la próxima vez que tu hijo esté agitado o sin control sobre sus emociones. Ponte en una silla, o en una cama, o en el suelo, para estar por debajo del nivel de los ojos del niño. Si te reclinas, cruzas las piernas o abres los brazos, asegúrate de que tu cuerpo transmite consuelo y seguridad. Tus palabras y tu lenguaje corporal han de combinarse para transmitir empatía y conexión y decirle a tu hijo: «Estoy aquí. Te consolaré y te ayudaré.» Le aliviarás el sistema nervioso y lo tranquilizarás, igual que lo sostenías en brazos y lo acunabas cuando era un bebé y te necesitaba.

TRANSMITE CONSUELO PONIÉNDOTE POR DEBAJO DEL NIVEL DE LOS OJOS

Nos ha emocionado ver cuántos padres a quienes hemos enseñado esta técnica informan de que el planteamiento es «mágico». Les parece increíble lo deprisa que se calman sus hijos. Y algo que les asombra en la misma medida es descubrir que poner el cuerpo en esta posición relajada, no amenazadora, tranquiliza también *a los propios padres*. Explican que esta táctica funciona mejor que cualquier otra cosa que hayan intentado para mantener ellos mismos la calma, y da lugar a los mejores resultados en el manejo de situaciones de mucho estrés. Como es lógico, no puedes tumbarte en el suelo si estás en el coche o andando por la calle, aunque sí puedes usar el tono de voz y la postura, así como palabras empáticas, para comunicar ausencia de amenaza a fin de conectar con el niño y generar calma en los dos.

La comunicación no verbal es muy poderosa. A lo largo de todo el día, tu hijo puede vivir experiencias de las que no tenías conocimiento, algo ni siquiera pronunciado. Tu simple sonrisa puede aliviar un desengaño y fortalecer el vínculo. Conoces este momento: cuando el niño está haciendo algo que le entusiasma, como patear un balón de fútbol o recitar un fragmento de una obra, y te busca entre la multitud. Vuestras miradas se cruzan y tú sonríes, y él sabe que estás diciendo: «Lo he visto y comparto tu alegría.» Esto es lo que puede hacer tu conexión no verbal.

Pero también puede hacer lo contrario. Mira las siguientes imágenes y fíjate en el mensaje que transmiten los padres. Sin abrir la boca siquiera, cada progenitor está diciendo mucho.

El hecho es que enviamos toda clase de mensajes, con finalidad o sin ella. Y si no vamos con cuidado, en un entorno disciplinario de emociones intensas los factores no verbales pueden debilitar la conexión que buscamos. Cruzar los brazos, menear la cabeza, frotarse las sienes, poner los ojos en blanco, hacer un guiño sarcástico a otro adulto de la habitación... Aunque nuestras palabras expresen interés en lo que está diciendo el niño, los factores no verbales pueden delatarnos de muchas formas. Y si nuestros mensajes verbales y no verbales se contradicen

LOS FACTORES NO VERBALES SON POTENTES...

MENSAJE NO VERBAL: ME SACAS DE QUICIO. ME AGOTAS. AHORA MISMO YA NO TE AGUANTO. TÚ TIENES LA CULPA DE QUE LAS COSAS SEAN TAN COMPLICADAS PARA MÍ.

MENSAJE NO VERBAL: ESTOY FURIOSO CONTIGO Y PODRÍA ESTALLAR EN CUALQUIER MOMENTO. ÁNDATE CON MUCHO CUIDADO. ASÍ ES COMO REACCIONA LA GENTE CUANDO HACES ALGO MALO.

MENSAJE NO VERBAL: ¡MÁS VALE QUE HAGAS LO QUE TE DIGO AHORA MISMO! ME DA IGUAL CÓMO TE SIENTAS NI CUÁLES SEAN LAS CIRCUNSTANCIAS. AHORA YO CONSIGO LO QUE QUIERO CON PODER, CONTROL Y AGRESIVIDAD.

entre sí, el niño creerá los no verbales. Por eso es tan importante prestar atención a lo que estamos transmitiendo aunque no digamos nada en absoluto. Si lo hacemos, tenemos más posibilidades de comunicar los mensajes que realmente *queremos* comunicar a nuestros hijos.

En todo caso, siempre habrá momentos disciplinarios en los que tus hijos te exasperen. O en los que ellos malinterpreten algo que tú estás transmitiendo y acaben alterados. Se cometen errores en ambos lados de la relación, por supuesto. Del mismo modo, a veces quizá consideres adecuado utilizar comunicación no verbal para ayudar a los niños a controlarse mejor y refrenar sus impulsos si es preciso. Pero la conclusión final es que podemos ser intencionales sobre los mensajes verbales *y* no verbales que estamos enviando, sobre todo cuando intentamos conectar con los hijos en un momento difícil. Asentir sin más, o estar físicamente presente, comunica atención y preocupación.

LOS FACTORES NO VERBALES SON POTENTES...

LO QUE ESTÁS COMPARTIENDO CONMIGO AHORA MISMO ES CRUCIAL, MÁS IMPORTANTE QUE NINGUNA OTRA COSA, MÁS INCLUSO QUE LO QUE YO QUIERA DECIR.

SÉ QUE HAS TENIDO UN DÍA DURO EN LA ESCUELA, Y AUNQUE NO SÉ QUÉ PALABRAS EXACTAS DECIR, SIEMPRE ESTARÉ CONTIGO.

CREO QUE ERES FANTÁSTICO Y ME LLENAS DE ALEGRÍA. NO ES QUE ME ENTUSIASME LA DECISIÓN QUE HAS TOMADO, PERO TE QUIERO INCLUSO CUANDO TE EQUIVOCAS.

Estrategia de conexión n.º 2: Validar, validar, validar

La clave de la conexión cuando los niños se muestran reactivos o están tomando malas decisiones es la validación. Además de comunicar consuelo, hemos de hacer saber a los niños que les escuchamos, que les entendemos, que lo hemos captado. Nos guste o no la conducta derivada de sus sentimientos, queremos que se sientan reconocidos y noten que estamos con ellos en medio de todas estas sensaciones fuertes.

Dicho de otro modo, queremos *estar en sintonía* con las experiencias subjetivas de los niños, centrando la atención en cómo experimentan las cosas desde su punto de vista. Igual que en un dúo ambos instrumentos deben sintonizarse para hacer buena música, también hemos de sintonizar nuestra respuesta emocional con lo que les pasa a los hijos. Tenemos que ver su mente e interpretar su estado interno, y a continuación unirnos a ellos en lo que vemos y en el modo de responder. Si lo hacemos así, los acompañamos en su espacio emocional y transmitimos este mensaje: «Te comprendo. Veo lo que estás sintiendo y acuso recibo. Si estuviera en tu lugar y tuviera tu edad, quizá me pasaría lo mismo.» Cuando los niños reciben esta clase de mensaje de sus padres, se «sienten sentidos», comprendidos, queridos. Y como gran ventaja adicional, pueden comenzar a tranquilizarse y tomar decisiones más acertadas, amén de escuchar las lecciones que quieras enseñarles.

En términos prácticos, la «validación» alude a resistir la tentación de negar o minimizar lo que los niños están pasando. Cuando validamos sus sentimientos, evitamos decir cosas como «¿A qué viene esta pataleta por no poder jugar? ¡Ayer estuviste todo el día en casa de Carrie!»; no soltamos algo como «Ya sé que tu hermano te ha roto el dibujo, ¡pero no por esto vas a pegarle! Haz otro y ya está»; o procuramos no decir aquello de «No te preocupes por eso».

Pensemos en ello: ¿cómo te sentirías *tú* si estuvieras disgustado, acaso desenvolviéndote mal, y alguien te dijera que solo «estás cansado», o que cualquier cosa que te preocupe «no es para tanto» y que «solo debes calmarte un poco»? Cuando decimos a los niños cómo han de sentirse —y no sentirse—, *invalidamos* sus experiencias.

La mayoría de nosotros sabemos que no hay que decir a los niños directamente que no deben alterarse. Sin embargo, si uno de tus hijos reacciona con fuerza ante algo que no le es favorable, ¿neutralizas al instante esta reacción? Aunque no sea nuestra intención, los padres solemos mandar el mensaje de que, a nuestro juicio, la manera en que los niños sienten y experimentan una situación es ridícula o no digna de reconocimiento. O podemos comunicar inadvertidamente que no queremos interaccionar con ellos ni estar a su lado si exhiben emociones negativas. Es como decir: «No aceptaré que te sientas así; no me interesa el modo en que experimentas el mundo.» De esta forma hacemos que el niño se sienta invisible, oculto, desconectado.

EN VEZ DE RECHAZAR...

VALIDAR

En vez de ello, queremos transmitir que *siempre* estaremos a su lado, incluso en la peor de las rabietas. Estamos dispuestos a verlos como quienes son, con independencia de cómo se sientan. Queremos acompañarlos donde estén y expresarles que nos interesa lo que están pasando. A un niño pequeño podemos decirle lo siguiente: «Hoy querías ir a casa de Mia, ¿verdad? Es una pena que su mamá haya tenido que cancelar la fiesta.» Sobre todo con los niños más mayores, podemos identificarnos con lo que están pasando haciéndoles saber que, aunque digamos «no» a su conducta, decimos «sí» a sus sentimientos: «Te ha puesto furioso que Keith te rompiera el dibujo, ¿verdad? A mí también me pasa cuando alguien me desordena las cosas. No te culpo por haberte enfadado.» No olvides que la primera respuesta es conectar. Luego vendrá la redirección, e indudablemente querrás abordar la cuestión de la conducta, pero primero hay que conectar, lo cual transmite consuelo y casi siempre conlleva validación.

Por lo general, la validación es muy sencilla. Lo más importante es identificar sin más el sentimiento en cuestión: «Esto te ha puesto muy triste, ¿verdad?», o «Ya veo que te sientes excluido», o incluso el más común «Estás enfadado». Identificar la emoción es una respuesta muy potente cuando el niño está disgustado, pues comporta dos grandes ventajas. Primero, ayudarle a sentirse comprendido tranquiliza su sistema nervioso autónomo y contribuye a aliviar sus sentimientos fuertes, para que así pueda empezar a controlar sus deseos de reaccionar y arremeter contra todo. Segundo, proporciona al niño un vocabulario emocional y una inteligencia emocional, para así poder reconocer y nombrar lo que está sintiendo; esto le ayudará a comprender sus emociones y comenzar a recuperar el control de sí mismo de modo que así se produzca la redirección. Como dijimos en el capítulo anterior, la conexión —en este caso mediante la validación— contribuye a llevar al niño de la reactividad a la receptividad.

Tras reconocer el sentimiento, la segunda parte de la validación consiste en identificarse con esta emoción. Para un niño o un adulto es importantísimo oír a alguien decir: «Lo he captado, te comprendo; ya veo por qué estás así.» Este tipo de empatía nos desarma. Relaja nuestra rigidez. Alivia el caos. Aunque una emoción te parezca ridícula, no olvides que para tu hijo es muy real, así que no rechaces algo que para él es importante.

Tina recibió un correo electrónico recordándole que no son solo los niños pequeños los que han de ser validados cuando están pasando por un momento difícil. Era de una madre de Australia que había escuchado un programa radiofónico donde Tina hablaba del poder de la conexión. Parte del correo electrónico de la madre decía así:

Justo en mitad del programa recibí una llamada de mi hija de diecinueve años, que estaba baja de moral. Sentía dolor debido a una sesión de fisioterapia, tenía la cuenta bancaria en números rojos, no había entendido casi nada en la clase de derecho mercantil, estaba nerviosa por el examen del día siguiente y en el trabajo querían que empezara dos horas antes.

Mi primera reacción fue decir lo siguiente: «Problemas del primer mundo. Aguántate, princesa.» Pero tras oír tu entrevista, reparé en que, aunque realmente eran problemas del primer mundo, eran *sus* problemas del primer mundo. Por tanto, le dije que lamentaba el mal día que tenía y le pregunté si necesitaba un abrazo de mamá.

Esto cambió mucho las cosas, hasta el punto que alcancé a oírle coger aire y relajarse. Le dije que la quería, que su padre y yo le ayudaríamos a pagar los libros de texto (razón por la cual estaba sin blanca), y que después del examen del día siguiente la invitaría a su sopa de fideos favorita en Bamboo Basket.

Tras la llamada, se quedó mucho más tranquila gracias a mi respuesta. Muy a menudo reaccionamos con dureza sin darnos cuenta del impacto que causamos. Incluso cuando los niños han pasado hace tiempo la etapa del berrinche y tenemos con ellos una vida sosegada, a lo largo del día hay muchos momentos para poner en práctica estas ideas.

Observemos lo bien que esta madre llevó a cabo la validación de la experiencia de su hija. No anuló los sentimientos de su hija negándolos, minimizándolos ni echándole a ella la culpa, sino que admitió su mal día y le preguntó si necesitaba un abrazo. La respuesta de la hija fue respirar hondo y relajarse, no porque sus padres fueran a ayudarla económicamente, sino porque sus sentimientos habían sido reconocidos e identificados. Porque habían sido validados. Ahora ya podía abordar los problemas reales.

Así pues, cuando el niño esté llorando, enrabietado, atacando a un hermano, con un ataque de nervios porque su perro de peluche es demasiado desmadejado y no se aguanta de pie, o si está poniendo de manifiesto su incapacidad para tomar buenas decisiones en ese momento, conviene validar las emociones que subyacen a las acciones. También aquí quizá sea preciso sacarlo primero de la situación. La validación no significa permitir que alguien resulte lastimado o que alguna propiedad acabe destruida. Cuando te identificas con las emociones de tu hijo no estás aprobando ningún mal comportamiento, sino sintonizando con él, sintonizando tu instrumento con el suyo para que los dos juntos podáis crear algo hermoso; vas a su encuentro para entender el significado y el trasfondo emocional de sus acciones; reconoces e identificas lo que está sintiendo y, de este modo, validas su experiencia.

Estrategia de conexión n.º 3:
Menos hablar y más escuchar

Si eres como la mayoría de nosotros, cuando impones disciplina hablas demasiado. Piénsalo y verás que en realidad esta respuesta es graciosa. Nuestro hijo está alterado y ha tomado una decisión incorrecta, y entonces pensamos: «Vale. Le soltaré un sermón. Si consigo que se siente quieto y me escuche hablar y hablar sobre lo que ha hecho mal, seguro que se calmará y la próxima vez tomará una decisión mejor.» ¿Quieres que los niños pierdan el interés, en especial cuando son mayores? Explica algo y luego vuelve una y otra vez sobre la misma cuestión.

Es más, soltar un sermón a un niño emocionalmente activado no sirve de nada. Cuando sus emociones se disparan por todas partes, una de las cosas más inútiles que podemos hacer es hablarle, intentar que entienda la lógica de nuestra postura. Es inútil decir: «Él no quería golpearte cuando lanzó la pelota; solo ha sido un accidente, así que no te enfades.» No hace bien alguno decir cosas como: «No puede invitar a su fiesta a toda la clase.»

El problema de esta actitud lógica es que da por supuesto que, en este momento, el niño es capaz de escuchar y atender a razones. Pero recordemos que el cerebro de un niño está cambiando, desarrollándose. Si él se siente dolido, enfadado o decepcionado, la parte lógica de su cerebro superior no está del todo activo, lo cual significa que, por lo general, un llamamiento lingüístico a la razón no va a ser lo más indicado para ayudarle a recuperar el control de sus emociones y tranquilizarse.

De hecho, hablar suele agravar el problema. Lo sabemos porque lo dicen los niños que acuden a la consulta. A veces quieren gritar a sus padres «¡Deja de hablar, por favor!», sobre todo cuando están en un apuro y ya entienden lo que han hecho mal. Un niño alterado tiene una sobrecarga sensorial. ¿Qué efecto tiene hablar con él? Satura más sus sentidos, con lo que acaba todavía más desregulado, más abrumado y mucho menos capaz de aprender o siquiera de escucharte.

Por tanto, te aconsejamos que sigas el consejo de los niños y no hables tanto. Transmite consuelo, valida los sentimientos de tu hijo —«Te ha dolido que no te invitasen, ¿verdad? Yo también me sentiría excluido»—, y luego cierra la boca y escucha. Escucha *realmente* lo que está diciendo. No interpretes lo que oyes en un sentido demasiado literal. Si dice que nunca más le van a invitar a otra fiesta, no es una incitación a discrepar ni a poner en entredicho su afirmación absoluta. Tu función consiste en escuchar los sentimientos que se esconden tras las palabras, reconocer lo que está diciendo: «Esto me ha dejado fuera de combate. No me han invitado, y ahora tengo miedo de lo que pueda implicar esto en cuanto a mi posición social entre mis amigos.»

Busca pistas y el porqué de lo que está pasando realmente dentro de tu hijo. Céntrate en sus emociones desprendiéndote de la «música tiburón» que te impide estar del todo con él en ese momento. Por fuerte que sea tu deseo, evita la tentación de discutir con tu hijo, de sermonearle, de defenderte o de decirle que deje de sentirse así. Ahora toca enseñar y explicar. Es el momento de escuchar, así que siéntate con tu hijo y dale tiempo para expresarse.

Estrategia de conexión n.º 4: Refleja lo que oyes

Con las tres primeras estrategias del ciclo de conexión Sin Lágrimas comunicamos consuelo, validamos sentimientos y escuchamos. El cuarto paso consiste en reflejar en los niños lo que han dicho, transmitiéndoles así que les hemos oído. Reflejar sus sentimientos nos devuelve a la primera estrategia, pues de nuevo estamos transmitiendo consuelo, lo que acaso nos lleve a recorrer el ciclo otra vez.

Reflejar lo que oímos se parece al segundo paso, pero difiere de la validación en que ahora nos centramos concretamente en lo que los niños nos han contado. La fase de validación tiene que ver con reconocer emociones y establecer lazos de empatía con los niños. Decimos algo como: «Ya veo lo enfadado que estás.» Pero cuando reflejamos los sentimientos de los hijos, básicamente les transmitimos *lo que nos han explicado ellos*. Si se maneja con sensibilidad, esto permite a un niño sentirse escuchado y comprendido. Como hemos dicho, sentirse comprendido es extraordinariamente tranquilizador, incluso curativo. Si transmites a tu hijo que captas de veras lo que está diciéndote —diciéndole: «He oído lo que estás contando; te sentiste fatal cuando te dije que debíamos irnos de la fiesta» o «No es de extrañar que te enfadaras; a mí me pasaría igual»—, das un gran paso para desactivar las emociones intensas que hay en juego.

De todos modos, cuidado con el modo de reflejar sentimientos. No querrás coger una de las emociones temporales, a corto plazo, de tu hijo y convertirla en algo más grande y permanente de lo que es realmente. Pongamos, por ejemplo, que tu hija de seis años está tan enfadada con las constantes tomaduras de pelo de su hermano que empieza a chillar, una y otra vez: «¡Eres estúpido y te odio!» Y precisamente en el patio, donde los vecinos pueden oírlo todo (¡menos mal que el señor Patel está cortando el césped!), la niña repite la cantinela sin parar, lo que parecen miles de veces, hasta que por fin se desmorona en tus brazos y llora desconsolada.

Así pues, inicias el ciclo de conexión. Comunicas consuelo, transmitiendo compasión colocándote por debajo del nivel de los ojos, abrazándola, masajeándole la espalda y transmitiendo empatía a través de tu expresión facial. Validas su experiencia: «Lo sé, cariño, lo sé. Estás enojada.» Escuchas sus sentimientos y luego proyectas en ella lo que estás oyendo: «Te has enfadado mucho, ¿verdad?» Su respuesta acaso sea un regreso a los gritos: «¡Sí, y odio a *Jimmy*!» (con el nombre del hermano alargado en otro chillido).

Ahora viene la parte peliaguda. Quieres reflejar para ella lo que está sintiendo, pero no pretendes reforzar su relato mental de que odia a su hermano. Una situación así exige ser un poco cauteloso, así que puedes mostrarte sincero con tu hija y ayudarle a entender mejor sus sentimientos, pero impedir también que sus emociones momentáneas se solidifiquen en percepciones más duraderas. Por tanto, podrías decir algo así: «No te culpo por estar tan enfadada. Yo tampoco soporto que la gente me tome el pelo. Sé que quieres a Jimmy, y que los dos lo estabais pasando bien hace solo unos minutos, cuando jugabais con la camioneta. Pero ahora mismo estás furiosa con él, ¿verdad?» La finalidad de este tipo de reflexión es asegurarte de que la niña capta que tú entiendes su experiencia, con lo cual alivias sus emociones fuertes y ayudas a calmar su caos interno a fin de permitirle regresar al centro de su río del bienestar. Pero no quieres que un sentimiento que es solo un *estado* momentáneo —el enfado con el hermano— sea percibido en la mente de la niña como un *rasgo* permanente, una parte inherente de su relación. Por eso le proporcionas perspectiva y le recuerdas lo bien que ella y su hermano se lo estaban pasando con la camioneta.

Otra ventaja que acompaña al reflejo de los sentimientos de los niños es que transmite que ellos no solo tienen nuestro amor, sino también nuestra atención. A veces los padres dan por sentado que la búsqueda de atención del niño es algo malo.

CICLO DE CONEXIÓN SIN LÁGRIMAS

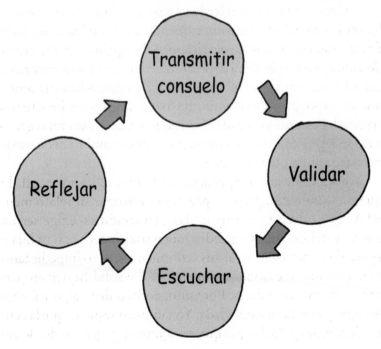

«Solo pretende conseguir mi atención», dicen. El problema de esta perspectiva es que parte de la base de que, de algún modo, no es bueno que un niño quiera hacerse notar y que sus padres presten atención a lo que está haciendo. *En realidad, sin embargo, la conducta de búsqueda de atención no solo es totalmente apropiada desde el punto de vista del desarrollo, sino que en realidad es relacional. La atención es una* necesidad *de todos los niños en todas partes.* De hecho, ciertos estudios basados en neuroimágenes ponen de manifiesto que la experiencia del dolor físico y la del dolor relacional, como el rechazo, muestran una localización de la actividad cerebral muy similar. Así pues, cuando procuramos atención a los niños y nos centramos en lo que están haciendo y sintiendo, satisfacemos una importante necesidad relacional y emocional, y ellos se notan profundamente conectados y confortados. Recordemos que son muchas las maneras de malcriar a los hijos —darles demasiadas *cosas*, rescatarlos de toda situación difícil, privarles de cualquier oportunidad para afrontar el fracaso y la decepción—, pero darles demasiado amor o atención no es una de ellas.

Así actúa el ciclo de conexión: nos permite comunicar a nuestros hijos que les queremos, que los vemos, que estamos a su lado con independencia de su conducta. Cuando bajamos la «música tiburón», buscamos el porqué y pensamos en el cómo, somos capaces de transmitir consuelo, validar, escuchar y reflejar sentimientos, así como de apoyar a los niños de maneras que generen la clase de conexión necesaria que transmita con claridad nuestro amor y los prepare para la redirección.

5

Disciplina 1-2-3: redirección para hoy, y para mañana

Roger estaba trabajando en el garaje cuando Katie, su hija de seis años, se precipitó afuera gritando enojada: «*¡Papá! ¿Puedes hacer algo con Allie?*» Roger comprendió enseguida que Katie estaba molesta porque su amiga Gina, que había venido a jugar, se había enamorado perdidamente de Allie, la hermana de nueve años de Katie. Por su parte, al parecer Allie se sentía a sus anchas monopolizando la sesión de juego y hacía que su hermana pequeña se sintiera excluida.

Para abordar la situación con la hija mayor, Roger tenía varias alternativas. Una era decirle simplemente a Allie que debía dejar que Katie y Gina pasaran tiempo juntas, pues al fin y al cabo este era el plan. El enfoque no tenía nada de malo, pero al tomar esta decisión e imponer su criterio a la situación, Roger eludía el importante proceso que permitiría a Allie utilizar el cerebro superior.

Por tanto, lo que hizo fue entrar en la casa, llamar aparte a su hija mayor e iniciar sin más una breve conversación. Se sentaron en el sofá y él le pasó el brazo alrededor de los hombros. Teniendo en cuenta la personalidad y el temperamento de Allie, decidió comenzar con una simple pregunta:

ROGER: Gina se lo pasa bien jugando contigo, y tú eres muy buena con los más pequeños. Pero me parece que a Katie no le hace mucha gracia que estés pendiente todo el rato de Gina.

ALLIE (a la defensiva, se incorpora y se vuelve hacia su padre): No estoy haciendo nada malo, papá. Solo estamos escuchando música.

ROGER: No he dicho que estuvieras haciendo nada malo. Te pregunto si te has dado cuenta de cómo se siente ahora mismo Katie.

ALLIE: Sí, ¡pero no es culpa mía!

ROGER: Cariño, estoy totalmente de acuerdo en que no es culpa tuya. Escucha lo que pregunto: ¿ves que Katie no está contenta? Te pregunto si lo has visto.

ALLIE: Supongo.

En esta admisión, se pone de manifiesto que el cerebro superior de Allie ha acabado implicándose en la conversación, aunque solo sea un poco. En ese momento empezaba a escuchar y a pensar en lo que le decía su padre. A partir de tal punto, Roger pudo escoger qué parte del cerebro superior quería poner en marcha y ejercitar. No diciéndole a Allie lo que debía pensar o sentir, sino pidiéndole que se planteara la situación por sí misma y que prestara atención a lo que estaba experimentando otra persona.

ROGER: ¿Por qué crees que está disgustada?

ALLIE: Porque querrá a su amiga para ella sola, supongo. ¡Pero Gina ha entrado por su cuenta en mi habitación! Yo ni siquiera se lo he pedido.

ROGER: Lo sé. Y quizá tengas razón en que Katie quiere a Gina toda para ella. Pero ¿crees que es esto exactamente? Si estuviera aquí y nos explicara cómo se siente, ¿qué diría?

ALLIE: Que este día de juego era suyo, no mío.

ROGER: Seguramente esto se acerca más a la verdad. ¿Tiene razón ella, entonces?

ALLIE: No sé por qué no podemos escuchar música juntas. En serio, papá.

ROGER: Lo entiendo. Incluso podría estar de acuerdo contigo. Pero ¿qué diría Katie a esto?

ALLIE: ¿Que cuando estamos juntas Gina solo quiere jugar conmigo?

Y con esta pregunta se abrió paso la empatía. Fue solo una conciencia incipiente; no cabía esperar un momento de cine en el que una niña de nueve años se echa a llorar movida por la compasión hacia su doliente hermanita. Pero por algo se empieza. Al menos Allie empezaba a tener conscientemente en cuenta los sentimientos de su hermana (lo cual, si tienes niños pequeños, sabes que es una victoria parental). A partir de ahí, Roger pudo dirigir la conversación de tal modo que Allie pensara de forma más explícita en las emociones de Katie. Luego pediría a Allie ayuda para idear un plan que les permitiera manejar la situación —«¿Y si escuchamos otra canción y luego

EN VEZ DE ORDENAR Y EXIGIR...

me preparo para mi fiesta de pijamas?»—, y así implicaría más a su cerebro superior al impulsarlo a planificar y resolver problemas.

Iniciar una conversación de redirección como esta no siempre da resultado. A veces un niño no está dispuesto a contemplar una perspectiva distinta (o ni siquiera es capaz de ello), a escuchar o tener en cuenta los sentimientos de los demás. Roger habría podido acabar diciéndole a Allie simplemente que hacía falta encontrar otra cosa que hacer, lo mismo que hizo Liz cuando su hija no cedía sobre quién debía acompañarla a la escuela. O a lo mejor habría podido participar en un juego con las tres, asegurándose de que todas se sintieran incluidas.

IMPLICAR AL CEREBRO SUPERIOR

Sin embargo, fijémonos en que cuando necesitó redirigir, Roger no impuso de inmediato en la situación su sentido de la justicia. Al facilitar la empatía y la resolución de problemas, brindó a su hija la oportunidad de hacer uso del cerebro superior. Cuanto más damos a los niños la oportunidad de tener en cuenta no solo sus deseos sino también los de los demás, y más practicamos la toma de decisiones acertadas que causan un impacto positivo en las personas que les rodean, mejor les saldrá todo. ¿En una conversación como la entablada entre Roger y Allie se tarda más que en separar sin más a las chicas? Desde luego. ¿Es más difícil? Sí, seguramente. Pero ¿vale la pena dedicar esfuerzo y tiempo adicional a la redirección colaborativa y respetuosa? Sin duda. Y a medida que se convierte en tu opción por defecto, en realidad facilita las cosas, a ti y a toda tu familia, pues habrá menos enfrentamientos y tú estarás construyendo el cerebro de tu hijo de tal manera que te verás obligado a afrontar su mala conducta cada vez con menos frecuencia.

DISCIPLINA 1-2-3

En este capítulo queremos analizar con más detenimiento el concepto de redirección, que es en realidad a lo que suele referirse la gente cuando piensa en la disciplina. La redirección es el modo en que respondemos cuando los niños hacen algo que no nos gusta —como tirar algo enfadados— o no hacen algo que queremos que hagan —como limpiarse los dientes y prepararse para ir a la cama—. Después de haber conectado, ¿cómo lidiamos con los niños reactivos o poco cooperativos, redirigiéndoles hacia el uso de su cerebro superior para que puedan tomar decisiones más apropiadas que con el tiempo se conviertan en algo instintivo?

Como hemos dicho, la Disciplina sin Lágrimas tiene que ver con conectar y ser emocionalmente sensible ante nuestros hijos, y también con buscar el objetivo a corto plazo de conseguir cooperación ahora, y el objetivo a largo plazo de construir el cerebro del niño. Una forma sencilla de pensar en la redirección es adoptando un enfoque 1-2-3, que se centra en una definición, dos principios y tres resultados deseados. No necesitamos memorizar cada detalle (sobre todo porque en la parte final del libro te damos una nota para la nevera). Utilízalo como marco organizador que te ayude a centrarte en lo importante cuando llegue el momento de redirigir a tus hijos.

UNA DEFINICIÓN

Si pensamos en redirigir a los niños hacia un comportamiento mejor, hemos de empezar con la definición de «disciplina». Cuando nuestros hijos toman decisiones desatinadas o no controlan sus emociones, debemos recordar que la *disciplina tiene que ver con la enseñanza*. Si olvidamos esta simple verdad, nos desviaremos del rumbo. Si la disciplina acaba relacionada con el castigo, por ejemplo, perdemos la oportunidad de enseñar. Al centrarnos en las consecuencias de la mala conducta, limitamos las oportunidades de los niños de experimentar el funcionamiento fisiológico y emocional de su brújula interna.

Una mamá nos contó una historia sobre una cajita de lápices que encontró cuando ella y su hija de seis años estaban limpiando la habitación de esta. Unos días antes habían estado comprando material escolar, y la niña había quedado prendada de esos lápices en particular. La madre no los había comprado, pero la hija se los había metido igualmente en el bolsillo.

Al descubrir los lápices, decidió preguntar directamente a su hija. Cuando la pequeña vio los lápices en la mano ahuecada y la mirada de desconcierto de la madre, abrió los ojos de par en par, llenos de miedo y culpa. En un momento así, la respuesta parental va a determinar en buena medida lo que extraiga un niño de la experiencia. Como ya explicamos en el capítulo 1, si la atención parental se centra en la reprimenda o el castigo, y la madre enseguida grita, pega y manda a la niña a su cuarto, y desaprovecha así una gran oportunidad que estaba esperando, entonces la atención de la niña cambiará de inmediato. En vez de estar atenta a esta sensación «ay, ay, ay» que borbotea en su interior, o en vez de pensar en la decisión de coger los lápices de la tienda, toda su atención se centrará en lo malos y horrendos que son sus padres por castigarla como lo hacen. Puede incluso llegar a sentirse una víctima, con lo que de algún modo justifica retroactivamente el robo de los lápices.

En lugar de ello, la mamá de la historia utilizó un enfoque disciplinario centrado en la enseñanza y no en el castigo inmediato. Dio a su hija tiempo para sentarse a su lado y hacerse consciente de esa culpa natural, valiosa e incómoda que estaba sintiendo por haber cogido algo que no era suyo. Sí, la culpa puede ser saludable. ¡Es evidencia de una conciencia sana! Y puede moldear conductas futuras.

Cuando la madre habló con la hija, se arrodilló (y quedó por debajo del nivel de los ojos, como hemos visto unas páginas atrás), y a continuación tuvo lugar una maravillosa conversación en la que la niña de seis años primero negó haber cogido los lápices, luego dijo que no se acordaba, y por fin, mientras la mamá aguardaba pacientemente, explicó que no había por qué preocuparse porque antes de meterse los lápices en el bolsillo de sus pantalones cortos «esperé a que la dependienta del pelo largo no mirase». En ese instante, la madre hizo un montón de preguntas que animaron a la niña a pensar detenidamente en conceptos que aún no había tenido en cuenta: «¿Sabes cómo se llama eso de coger algo que no te pertenece?» «¿Sabes que robar es ilegal?» «¿Sabías que la mujer del pelo largo de la tienda había comprado estos lápices con su dinero para poder venderlos luego?»

Como respuesta, la niña bajó la cabeza, el labio inferior se hizo más prominente, y empezaron a bajarle por las mejillas gruesos lagrimones. Se sentía mal por lo que había hecho, como es lógico. Mientras lloraba en silencio, la madre la atrajo hacia sí, sin distraerla ni interrumpir el proceso de lo que ya estaba pasando de forma natural, pero permaneciendo a su lado mientras le decía: «Te sabe mal, ¿verdad?» La niña asentía, y las lágrimas seguían. La mamá podía consolar a su hija y estar con ella en ese hermoso momento en que el proceso disciplinario proseguía con naturalidad sin que la mamá llegara a decir o hacer nada. La madre abrazaba a la hija y le permitía llorar y sentir, y al cabo de un par de minutos la ayudó a secarse las lágrimas y la animó a respirar hondo. Después retomaron brevemente su conversación y hablaron de sinceridad, de respeto a la propiedad ajena y de hacer lo debido, incluso cuando es difícil.

Al iniciar este diálogo colaborativo y reflexivo, y permitir que la disciplina surgiera sin más al orientar la atención de la niña hacia la culpa interior que ya estaba sintiendo, en vez de disponer un castigo inmediato, la madre ayudó a su hija a ejercitar un poco el cerebro superior: a tener en cuenta sus acciones y el modo en que afectaban a los demás, y a aprender algunas lecciones básicas sobre ética y moralidad. Al final hicieron planes sobre la mejor manera de devolver los lápices a la «dependienta del pelo largo».

La Disciplina sin Lágrimas tiene que ver con la enseñanza, y ahí centró la madre la atención: dejó que su hija experimentara atentamente los sentimientos y pensamientos asociados a su decisión de coger los lápices. Al contribuir a que la propia experiencia interna de la niña permaneciera en primera línea de la mente —en vez de convertir las emociones en enfado por el castigo aplicado—, permitió al cerebro de su hija no solo llegar a ser consciente de este malestar interno, sino también unirlo a la experiencia de tomar malas decisiones, en este caso robar. De nuevo, ser punitivo o repartir castigos, sobre todo cuando estamos enfadados y reactivos, puede ser contraproducente porque distrae a los niños de los mensajes fisiológicos y emocionales de su propia conciencia, una fuerza poderosa en el desarrollo de la autodisciplina.

Hagamos memoria: las neuronas que se activan juntas permanecen conectadas. Y queremos que los niños experimenten el vínculo natural entre tomar una decisión incorrecta en un momento determinado y, a continuación, sentirse culpable y a disgusto. Como el cerebro está preparado para evitar experiencias que produzcan sensaciones negativas, los sentimientos aversivos que surgen de manera natural en un niño cuando hace algo que perturba su conciencia interna pueden ser muy fuga-

EN VEZ DE APLICAR UN CASTIGO DE INMEDIATO...

INICIAR UNA CONVERSACIÓN

ces en la mente consciente. Sin embargo, si le ayudamos a recapacitar en estas sensaciones y emociones, las mismas llegan a constituir un fundamento importante de la ética y el autocontrol. *Esta autorregulación o función ejecutiva que se desarrolla luego puede intervenir incluso cuando el padre no está presente, o cuando no mira nadie.* Así es como interioriza el niño la lección en el nivel sináptico. ¡El propio sistema nervioso puede ser el mejor guía!

Como es lógico, situaciones disciplinarias diferentes exigirán respuestas parentales distintas. La madre anterior respondió basándose en la lección que su hija necesitaba en ese momento concreto. En otras circunstancias, quizás habría respondido de otra manera. La cuestión reside simplemente en que, una vez hemos conectado con los niños en un momento disciplinario y ha llegado la hora de redirigir, hemos de tener presente la importancia de la conciencia y de ayudar al cerebro a aprender. El reflejo ayuda al niño a ser consciente de lo que le pasa por dentro, lo cual optimiza el aprendizaje. Si tenemos presente la definición de disciplina, reparamos en que compartir la conciencia ayuda a que se produzca el aprendizaje. La disciplina tiene que ver con enseñar a optimizar el aprendizaje.

DOS PRINCIPIOS

Al redirigir a los niños, también queremos seguir dos principios esenciales, que nos guiarán en nuestro proceder. Estos principios, junto con las estrategias específicas que derivan de los mismos, estimulan la cooperación de los niños y hacen la vida más fácil para todos, niños y adultos.

Principio n.º 1: Esperar a que el niño esté preparado

Recordemos lo dicho en el capítulo 3: la conexión lleva al niño de la reactividad a la receptividad. Así pues, en cuanto hemos conectado y permitido a nuestro hijo ir a un lugar donde está listo para escuchar y utilizar el cerebro superior, ya podemos redirigir. Antes no. Una de las recomendaciones parentales más contraproducentes que oímos de vez en cuando viene a ser esta: «Si un niño se porta mal, es importante que abordes la conducta *enseguida*. De lo contrario, no entenderá por qué no le imponen disciplina.»

En realidad, no creemos que sea un mal consejo si estás llevando a cabo un experimento de condicionamiento conductual en el laboratorio con animales. Para los ratones, o incluso los perros, es una buena recomendación. En el caso de los seres humanos, no tanto. El hecho es que a veces sí tiene sentido encarar la conducta de inmediato. No obstante, el *peor* momento para afrontar una mala conducta suele ser inmediatamente después de haberse producido.

La explicación es sencilla. Suele haber mal comportamiento porque un niño es incapaz de regular sus sentimientos fuertes. Y cuando sus emociones están desreguladas, su cerebro superior está desconectado, temporalmente fuera de servicio; es decir, el niño no es capaz de llevar a cabo las tareas de las que es responsable el cerebro superior: tomar decisiones acertadas, pensar en los demás, tener en cuenta las consecuencias, equilibrar las emociones y el cuerpo, y ser un aprendiz receptivo. Por lo tanto, sí recomendamos que abordes un problema conductual enseguida, pero solo en el caso de que tu hijo se halle en un estado de ánimo receptivo y tranquilo. De lo contrario, es mejor que esperes. Incluso los niños de apenas tres años son capaces de recordar la historia reciente, incluido el día anterior. Puedes iniciar una conversación así: «Me gustaría hablar de lo que pasó ayer a la hora de acostarte. No fue muy bien, ¿verdad?» Cuando se trata de enseñar de forma efectiva, es fundamental esperar al momento adecuado.

Volvamos a la sugerencia que hicimos en el capítulo 4. Una vez has conectado y estás considerando si es el momento de pasar a la fase de redirección, formúlate una sencilla pregunta: «¿Está mi hijo preparado? ¿Preparado para escuchar, para aprender, para comprender?» Si la respuesta es negativa, no hay motivo para intentar redirigir en ese momento. Seguramente hará falta más conexión. O bien, sobre todo en el caso de los niños más mayores, quizá tengas que darles algo de tiempo y espacio antes de que estén listos para escucharte.

Cuando hablamos con educadores, solemos explicar que para la enseñanza hay un margen óptimo, o punto ideal. Si el sistema nervioso del alumno está *infraexcitado* —porque el chico tiene sueño, se aburre o está agotado por alguna otra razón—, se encuentra en un estado no receptivo, de forma que el alumno no será capaz de aprender de manera efectiva. Pero lo contrario es igual de malo. Si el sistema nervioso del estudiante está *sobreexcitado* —es decir, se siente ansioso o estresado, o su cuerpo se muestra hiperactivo con mucho movimiento y actividad motora—, también se genera un estado poco receptivo en el que le resultará difícil aprender. En vez de ello, necesitamos crear un entorno que ayude a acceder a un estado mental tranquilo, receptivo y alerta. Ahí tenemos el punto ideal donde se produce realmente el aprendizaje, el momento en que los niños están preparados para aprender.

Con nuestros hijos sucede lo mismo. Cuando su sistema nervioso está infraexcitado o sobreexcitado, no son ni con mucho tan receptivos a lo que queremos enseñarles. Así pues, cuando imponemos disciplina, conviene esperar a que estén tranquilos, receptivos y atentos. Hazte esta pregunta: «¿Está listo mi hijo?» Incluso después de haber conectado y aliviado su estado negativo, quizá siga siendo mejor aguardar a otro rato del día, o al día siguiente, pensando en el momento más idóneo para la enseñanza y la redirección explícitas. Puedes llegar a decir esto: «Me gustaría esperar a que los dos estemos en condiciones de hablar y escucharnos. Volveremos pronto sobre el asunto.»

A propósito, tan importante es preguntar: «¿Está listo mi hijo?» como «¿Estoy listo yo?». Si te hallas en un estado de ánimo reactivo, mejor tener la conversación más adelante. No puedes ser un profesor eficaz si no estás tranquilo y sereno. Si te encuentras demasiado alterado para mantener el control, seguramente enfocarás el conjunto de la interacción de una forma contraproducente para tus objetivos de enseñanza y creación de conexión. En tal caso, a menudo es más conveniente decir algo como: «Ahora mismo estoy demasiado enfadado para mantener una conversación útil, así que me tomaré un tiempo para sosegarme y ya hablaremos luego un poco.» Después, en cuanto *ambos* estéis preparados, la disciplina será más efectiva y os sentará mejor a los dos.

Principio n.º 2: Coherente pero no rígido

No cabe ninguna duda: si se trata de educar e imponer disciplina a los niños, la coherencia es esencial. Muchos padres a los que atendemos en la consulta comprenden que necesitan mejorar la coherencia con sus hijos, ya sea respecto a la hora de acostarse, poniendo límites al consumo de comida basura o de medios de comunicación, o simplemente en general. Pero algunos dan tanta prioridad a la coherencia que esta se transforma en rigidez, lo que no es bueno para los niños, para los propios padres ni para la relación entre unos y otros.

Dejemos clara la diferencia entre estos dos términos. *Coherencia* significa trabajar partiendo de una filosofía fiable y congruente de manera que los niños sepan qué esperamos de ellos y qué pueden esperar ellos de nosotros. Por otro lado, *rigidez* significa seguir al pie de la letra las reglas establecidas, a veces sin siquiera haberlas considerado detenidamente, o sin modificarlas a medida que los niños crecen. Como padres, necesitamos ser coherentes, no rígidos.

Los niños precisan coherencia, como es lógico. Han de saber cuáles son nuestras expectativas y cómo reaccionaremos si ellos infringen (o incluso eluden) las reglas acordadas. Tu fiabilidad les enseña acerca de lo que pueden esperar en su mundo. Pero no solo esto: les enseña a sentirse seguros; saben que pueden confiar en que tú serás firme y constante, aunque su mundo interno o externo sea un caos. Este tipo de atención previsible, sensible y sintonizada es realmente lo que crea apego seguro. Nos permite procurar a los niños lo que se denomina «contención segura», pues tiene una base sólida y límites claros que les ayudan a orientarse cuando estallan las emociones. Los límites que fijas son como las barandillas del puente Golden Gate. Para un niño, vivir sin unos límites claros provoca tanta ansiedad como conducir por el puente sin barreras de protección que te impidan caer en picado a la bahía de San Francisco.

Sin embargo, la rigidez no tiene que ver con la seguridad ni la fiabilidad, sino con la obstinación. Impide que los padres transijan en caso necesario, que analicen el contexto y la intención subyacentes a la conducta, o que identifiquen los momentos en que es razonable hacer una excepción.

Una de las razones principales por las que los padres se ponen rígidos con sus hijos es que están practicando una forma de *estilo parental basado en el miedo*. Temen que, si ceden y permiten un refresco en una comida, sus hijos caerán por una pendiente resbaladiza y acabarán tomando refrescos para desayunar, almorzar y cenar durante el resto de su vida. Así que siguen en sus trece y no dan permiso para lo que les piden.

O sucede que su hijo de seis años sufre una pesadilla y quiere dormir con ellos porque tiene miedo, y a ellos les preocupa que esto suponga un precedente peligroso. Y dicen: «No queremos que desarrolle malos hábitos de sueño. Si no lo cortamos de raíz ahora mismo, dormirá mal toda su infancia.» De modo que se mantienen firmes y lo mandan diligentemente de vuelta a su cama.

Entendemos el miedo. También lo hemos sentido nosotros por nuestros hijos. Y estamos de acuerdo en que los padres han de estar sumamente atentos a cualquier patrón que estén estableciendo para los niños. Por eso es tan importante la coherencia.

No obstante, si el estilo parental basado en el miedo nos lleva a pensar que *nunca* podemos hacer una excepción sobre un refresco —o que no podemos consolar ni educar a nuestro asustado niño sin condenarlo a una vida de insomnio—, estamos pasando al campo de la rigidez. Es un estilo parental basado en el miedo, no en lo que necesita el niño en este momento concreto. Es un estilo parental cuyo objetivo es reducir *nuestra ansiedad y nuestros miedos*, no lo más útil para enseñar a la incipiente mente del niño y moldear su cerebro en desarrollo.

Así, ¿cómo mantenemos la coherencia sin pasarnos al bando de la rigidez? Bueno, empecemos por admitir que ciertas cosas no son negociables. Por ejemplo, bajo ninguna circunstancia puedes permitir a tu pequeño de uno o dos años que eche a correr por un aparcamiento muy concurrido, o a tu hijo en edad escolar que vaya a nadar sin supervisión, o al hijo adolescente que se suba a un coche cuyo conductor ha estado bebiendo. La seguridad física no es negociable.

De todos modos, esto no significa que no se puedan permitir excepciones, o incluso hacer la vista gorda de vez en cuando ante alguna mala conducta. Por ejemplo, si tenéis la regla de que no haya tecnología en la mesa pero vuestro hijo de cuatro

RÍGIDO

años acaba de recibir un nuevo juego de puzle electrónico con el que jugará tranquilamente mientras vosotros cenáis con otra pareja, puede ser un buen momento para hacer una excepción a la regla. O si tu hija ha prometido que terminará sus deberes antes de la cena pero aparecen sus abuelos para llevársela de paseo, quizá podrías negociar con ella un nuevo acuerdo.

En resumidas cuentas, el objetivo es mantener un enfoque *coherente pero flexible* con los niños, para que sepan lo que pueden esperar de ti pero también que a veces tendrás seriamente en cuenta todos los factores implicados. Esto nos hace volver a algo que estudiamos en el capítulo anterior: la flexibilidad de respuesta. Queremos responder intencionalmente a una situación de una manera que tome en consideración lo que mejor funcione para el niño y la familia, aunque ello suponga hacer una excepción en nuestras normas y expectativas habituales.

Cuando se trata de disciplina coherente *versus* disciplina rígida, la cuestión es qué esperamos conseguir. También aquí nos preguntamos qué queremos enseñar. En circunstancias normales, hemos de seguir las normas y conservar las expectativas de forma sistemática. Sin embargo, no debemos ser rígidos, pasar por alto el contexto ni, con ello, desaprovechar la oportunidad de exponer las lecciones que queremos enseñar. A veces, al imponer disciplina, hemos de buscar otros medios para llevar a cabo nuestros propósitos con el fin de poder enseñar con más eficacia lo que queremos que aprendan los niños.

De vez en cuando, por ejemplo, puedes proponer un «nuevo intento». En lugar de plantear un castigo inmediato por hablar sin respeto, puedes decir algo como: «Seguro que si lo intentas otra vez se te ocurrirá una forma más respetuosa de decir esto.» Los nuevos intentos brindan al niño una segunda oportunidad para manejar bien una situación y le permiten practicar lo correcto. Sigues manteniendo tus expectativas, pero lo haces de una manera mucho más beneficiosa que mediante un castigo impuesto con rigidez inconexa.

Al fin y al cabo, el desarrollo de destrezas es un aspecto muy importante del mundo de la disciplina. Y esto requiere orientación y preparación constantes. Si estuvieras entrenando al equipo de fútbol de tu hija y ella tuviera problemas para chutar bien la pelota, no la castigarías cada vez que se equivocara, sino que le indicarías que practicara más hasta que lo hiciera bien y la pelota saliera bien dirigida. Querrías que tuviera una sensación clara, reconocible, de lo que es golpear la pelota de lleno y verla salir hacia su objetivo. Del mismo modo, cuando los niños tienen un comportamiento que no satisface las expectativas creadas, a veces lo mejor que podemos hacer es orientarlos para que practiquen conductas que sí se correspondan con las expectativas.

Otro método para estimular la creación de destrezas es hacer que al niño se le ocurra una respuesta creativa. Nos gustaría mucho equivocarnos, pero decir «lo siento» no arregla la varita mágica rota que ha sido arrojada en un ataque de ira. Una nota de disculpa o una varita nueva comprada con la asignación semanal quizás enseñarían más y ayudarían a desarrollar facultades relacionadas con la toma de decisiones y la empatía.

El caso es que, incluso en pleno esfuerzo por generar destrezas, aún puedes ser coherente y a la vez permanecer flexible y estar abierto a otras opciones. Mientras los niños aprenden sobre el bien y el mal, también necesitan asumir que la vida no consiste solo en recompensas y castigos externos. También es importante ser flexibles, capaces de resolver problemas, tener en cuenta el contexto y enmendar los errores propios. Para los niños, lo esencial es que comprendan la lección del momento con tanta percepción personal como puedan partiendo de su grado de desarrollo; que establezcan lazos de empatía con cualquiera a quien hayan hecho daño y que a continuación encuentren la manera de responder a la situación para evitarla en el futuro.

En otras palabras, en lo referente a la moralidad es mucho lo que podemos enseñar a nuestros hijos además de la diferencia entre el bien y el mal. No queremos ser su poli de tráfico y seguirlos a todas partes para decirles cuándo han de parar y cuándo pueden seguir, y ponerles multas si infringen la ley. Es mucho mejor enseñarles a conducir de forma responsable; procurarles las destrezas, las herramientas y la práctica necesarias para tomar decisiones por su propia cuenta. Para hacer esto de manera satisfactoria, a veces hemos de estar receptivos a los matices, no solo al blanco y el negro. Hemos de tomar decisiones basándonos no en una regla arbitraria que hayamos fijado previamente, sino en lo que en ese momento es mejor para los niños y la familia, en esa situación concreta. Coherentes, sí, pero no rígidos.

TRES RESULTADOS DE VISIÓN DE LA MENTE

Así pues, la disciplina 1-2-3 se centra en *una* definición (enseñanza) y *dos* principios (esperar que el niño esté preparado, y ser coherente pero no rígido). Veamos ahora los *tres* resultados que pretendemos lograr cuando redirigimos.

EN VEZ DE DAR ÓRDENES Y EXIGIR CON RIGIDEZ...

AYÚDALE A PRACTICAR LO CORRECTO

Si has leído *El cerebro del niño*, ya estarás familiarizado con el término *mindsight*, que Dan acuñó y analiza largo y tendido en sus libros *Mindsight: la nueva ciencia de la transformación personal* y *Tormenta cerebral*. En términos sencillos, el *mindsight*, o visión de la mente, es la capacidad para ver la propia mente así como la de otro: permite al individuo desarrollar relaciones positivas al tiempo que le ayuda a mantener un sentido de sí mismo sano e independiente. Si pedimos a los niños que tengan en cuenta sus sentimientos (utilizando la *percepción personal*) y que a la vez imaginen cómo otra persona podría experimentar una situación concreta (mediante la *empatía*), estamos contribuyendo a que desarrollen la visión de la mente.

La visión de la mente, o *mindsight*, también involucra al proceso de integración, que hemos analizado antes. Recordemos que se produce una integración cuando cosas separadas acaban unidas, como los hemisferios derecho e izquierdo del cerebro o dos personas en una relación. Si no hay integración, se produce caos o rigidez. Así, cuando una relación experimenta una ruptura inevitable debido al modo de gestionar las respectivas diferencias, o cuando no nos unimos compasivamente el uno al otro, la integración sufre una fractura. Un ejemplo de creación de integración es cuando *reparamos* una ruptura así. Si en tu conexión con los niños observas que asoman la rigidez o el caos, hay que reparar. Podemos tomar medidas para arreglar la situación y enderezar las cosas tras haber tomado una mala decisión o haber hecho daño a alguien mediante palabras o acciones. Analicemos cada uno de estos resultados (percepción, empatía e integración/reparación) por separado:

Resultado n.º 1: Percepción

Uno de los mejores resultados de la redirección, como parte de la estrategia de la Disciplina sin Lágrimas, es que ayuda a

PERCEPCIÓN + EMPATÍA = VISIÓN DE LA MENTE

desarrollar en nuestros hijos la percepción personal. La explicación es que, en vez de dar órdenes y exigir sin más que los niños satisfagan nuestras expectativas, les pedimos que perciban y reflexionen sobre sus sentimientos y sus respuestas a situaciones complicadas. Ya sabemos que esto puede ser difícil, toda vez que el cerebro superior de un niño no solo es lo último en desarrollarse, sino que en ciertos momentos disciplinarios suele estar desconectado. Sin embargo, mediante la práctica y conversaciones creadoras de percepción —como las que hemos visto y explicaremos más a fondo en el capítulo siguiente—, los niños pueden llegar a ser más conscientes y entenderse más a sí mismos. Son capaces de desarrollar una *mindsight* personal que les permita comprender mejor lo que están sintiendo, y adquieren un mayor control sobre la manera de reaccionar en situaciones difíciles.

En el caso de los niños pequeños, podemos facilitar el proceso simplemente dando nombre a las emociones observadas: «Cuando te quitó la muñeca, te pusiste como una fiera, ¿eh?» Para los más mayores, son mejores las preguntas abiertas, aunque tengamos que «guiar al testigo» hacia el autoentendimiento: «Estaba mirándote justo antes de que perdieras los estribos con tu hermano, y me di cuenta de que cada vez te fastidiaba más que estuviera incordiándote. ¿Es así como te sentías?» Cabe esperar que la respuesta sea algo como: «¡Sí!, me molesta mucho cuando él...» Siempre que un niño es concreto y examina su propia experiencia emocional, adquiere más percepción sobre sí mismo y ahonda en su propio autoconocimiento. Esto es una conversación reflexiva que cultiva la visión de la mente. Y centrarse así en su percepción puede ayudarle a avanzar hacia el segundo resultado deseado de redirección.

Resultado n.º 2: Empatía

Además de desarrollar la percepción interior, queremos que los niños afiancen el otro aspecto de la visión de la mente: la empatía. La ciencia de la neuroplasticidad nos dice que la práctica reiterada de esta reflexión, como pasa en los diálogos reflexivos con los demás, activa los circuitos de la visión de la mente. Y si centramos repetidamente la atención en nuestra vida mental interna, también modifica las conexiones que se han establecido en el cerebro y crea y fortalece la parte empática, centrada en los demás, del cerebro superior: es lo que los científicos llaman «circuitos de implicación social de la corteza prefrontal». Esta es la parte del cerebro que elabora mapas de la visión de la mente, no solo de uno mismo para la percepción y de los otros para la empatía, sino también de «nosotros» para la moralidad y el conocimiento mutuo. Esto es lo que crean los circuitos de visión de la mente. Por tanto, queremos que los niños se ejerciten en la tarea de reflexionar sobre cómo sus acciones tienen impacto en los demás, ver las cosas desde el punto de vista del otro, y desarrollar conciencia de los sentimientos ajenos.

Formular preguntas sencillas y hacer a los niños observaciones como estas será mucho más efectivo que sermonearles, soltarles una reprimenda o castigarlos. El cerebro humano es capaz de extenderse de tal manera que somos capaces de abar-

car las experiencias de la gente que nos rodea e incluso captar sus conexiones como parte de un «nosotros» que se desarrolla con ellas. Así experimentamos no solo empatía, sino también la importante sensación de nuestra interconectividad, el estado integrado que constituye la base de la imaginación moral, el pensamiento y la acción.

Así pues, cuanto más acostumbremos a nuestros hijos a tener en cuenta la manera en que los otros sienten o experimentan una situación, más empáticos y comprensivos serán. Y a medida que se desarrollen estos circuitos de percepción y empatía, de una manera natural establecerán los cimientos de la moralidad, el sentido interno de estar no solo diferenciados, sino también unidos a un todo mayor. Esto es la integración.

Resultado n.º 3: Integración y reparación de daños

Tras ayudar a los niños a tener en consideración sus sentimientos y a continuación reflexionar sobre el impacto de sus

acciones en los demás, hemos de preguntarles qué pueden hacer para crear integración mientras arreglan la situación y enderezan las cosas. ¿A qué parte del cerebro apelamos ahora? En efecto: al cerebro superior, responsable de la empatía, de la moralidad, de tomar en cuenta las consecuencias de nuestras decisiones y de controlar las emociones.

Apelamos al cerebro superior formulando preguntas, en este caso sobre el arreglo de una situación. «¿Qué puedes hacer para encauzar el asunto? ¿Qué medida positiva puedes tomar para ayudar a reparar esto? ¿Qué ha de pasar ahora, a tu juicio?» La reparación se basa en la percepción y la empatía para pasar a continuación al mapa de la visión de la mente del «nosotros», al tiempo que se restablece la conexión con la otra persona. En cuanto hemos llevado a los niños hacia la empatía y la percepción, nos proponemos tomar medidas para ocuparnos no solo de la situación que se ha visto afectada por su conducta, sino también de la otra persona y, en última instancia, de la relación propiamente dicha.

Adoptar medidas después de haber hecho daño a alguien o

haber tomado una mala decisión no es fácil para nadie, incluidos los niños. Sobre todo cuando son pequeños, o si tienen un carácter especialmente tímido, quizá los padres necesiten apoyarles y ayudarles con la disculpa. A veces está bien que el padre transmita la disculpa *por* el hijo. Los dos podéis acordar el mensaje de antemano. Después de todo, no es muy conveniente obligar a un niño a presentar una excusa insincera cuando aún no está preparado, o forzarlo a pedir perdón si esto va a inundar su sistema nervioso de ansiedad. Volvemos a lo de comprobar si el niño está listo. A veces debemos esperar a que tenga el talante apropiado.

Nunca es fácil volver atrás e intentar compensar un error. De todos modos, la Disciplina sin Lágrimas nos permite ayudar a los niños a que aprendan a hacerlo y se propone alcanzar estos tres resultados: que los niños se ejerciten en el mejor conocimiento de sí mismos con percepción, que vean las cosas desde la perspectiva de los demás con empatía, y que den pasos orientados a mejorar una situación concreta si han hecho algo malo. Cuando los niños incrementan la capacidad de conocerse a sí mismos, de tener en cuenta los sentimientos de los demás y de tomar medidas para arreglar una situación, crean y fortalecen conexiones en el lóbulo frontal, lo cual les permite conocerse mejor y llevarse bien con los otros mientras avanzan hacia la adolescencia y la edad adulta. En esencia, estás enseñando al cerebro de tu hijo a elaborar mapas de la visión de la mente, del «yo», el «tú» y el «nosotros».

DISCIPLINA 1-2-3 EN ACCIÓN

La vida nos brinda incontables oportunidades para construir el cerebro. Es lo que vimos cuando Roger habló con su hija sobre lo de monopolizar el día de juego de su hermana. Podía muy bien haberle dicho a la niña: «Allie, ¿por qué no dejas que Katie y Gina estén un rato juntas?» Pero si hubiera hecho esto, habría perdido la oportunidad de enseñar a Allie y de ayudarle a construir su cerebro.

En cambio, su respuesta supuso un enfoque 1-2-3. Al iniciar la conversación con su hija («¿Ves que Katie no está contenta?») en vez de dar órdenes, se centró en la definición de disciplina: la enseñanza. También actuó a partir de los dos principios clave. Primero, se aseguró de que su hija estuviera *preparada* para sentirse escuchada sin ser juzgada («Estoy totalmente de acuerdo en que no es culpa tuya»). Y segundo, *evitó ser demasiado rígido* e incluso pidió a Allie ayuda para encontrar una buena solución para la situación. Gracias a ello consiguió los tres resultados, ayudando a su hija a pensar en sus propias acciones («¿Por qué crees que está disgustada?»), en los sentimientos de su hermana («Si estuviera aquí y nos explicara cómo se siente, ¿qué diría?»), y en la mejor respuesta integradora que podía dar a la situación («Pensemos un plan»).

Este planteamiento también surte efecto con niños mayores. Veamos un ejemplo de cómo lo aplicó una pareja con su hija de doce años.

Durante el año anterior, en cada ocasión importante de regalos Nila había escrito sistemáticamente «teléfono móvil» en lo más alto de su lista de deseos. Decía una y otra vez a sus padres, Steve y Bela, que «todos» los niños tenían móvil. Los padres habían aguantado más que muchos de sus amigos, pero al cumplir ella doce años, transigieron. Al fin y al cabo, Nila era bastante responsable, al crecer pasaba más tiempo lejos de sus padres, y un teléfono les vendría bien a todos. Tomaron todas las medidas que sabían importantes —invalidar funciones de internet, instalar aplicaciones que pudieran bloquear contenidos peligrosos, hablar con ella sobre temas como la privacidad y la seguridad— y pasaron a la siguiente fase de su vida parental.

Durante los primeros meses, Nila hizo buena la decisión de sus padres. Tenía el móvil controlado y lo usaba de forma adecuada, por lo que Steve y Bela consideraron haber acertado en su decisión.

Pero una noche, Bela oyó a Nila toser una hora después de apagadas las luces, así que fue a su cuarto a ver qué pasaba. El resplandor azul que flotaba encima de la cama desapareció al instante, pero evidentemente era demasiado tarde. La habían pillado.

Bela encendió la luz del techo y, antes de poder decir una palabra, Nila se apresuró a explicarse: «Mamá, estaba preocupada por el examen y no podía dormir; por eso quería distraerme con algo.»

Bela sabía que no debía reaccionar con demasiada dureza, sobre todo porque en ese momento su principal objetivo era lograr que su hija volviera a dormirse, así que primero conectó: «Entiendo muy bien que quisieras distraerte con algo. A mí también me revienta no poder dormir.» A continuación dijo sin más: «Bueno, ya hablaremos de esto mañana. Dame el móvil; quiero que te duermas enseguida.»

Cuando se lo contó a Steve, se enteró de que él había tenido una interacción parecida con Nila justo la semana anterior, cuando Bela no estaba; se le había olvidado comentárselo. De modo que ahora ya eran dos las veces que su hija había incumplido descaradamente las reglas sobre el móvil y el sueño.

Al adoptar un enfoque 1-2-3, Steve y Bela se centraron en la definición de disciplina. ¿Qué lección querían impartir? Subrayar la importancia de la sinceridad, la responsabilidad, la confianza y el cumplimiento de las normas acordadas por los miembros de la familia. Mientras se planteaban cómo reaccionar ante las infracciones de Nila, no perdieron de vista este enfoque.

A continuación se centraron en los dos principios. Bela recurrió al primero —asegurarse de que su hija estaba lista— cuando se limitó a cogerle el teléfono y le dijo que se durmiera. A altas horas de la noche, cuando todo el mundo está cansado y un niño permanece despierto hasta más tarde de la cuenta, casi nunca es buen momento para enseñar una lección. Si le hubiera soltado un sermón enseguida, aquello seguramente habría derivado en un drama, y la madre y la hija habrían acabado frustradas y enfadadas. Aparte de que tampoco habría sido una buena receta para dormir. La mejor estrategia era aguardar al día siguiente, cuando Bela y Steve pudieran encontrar el momento adecuado para abordar el asunto. No durante las prisas matutinas para tomar el desayuno y preparar almuerzos, sino después de cenar, cuando todos pudieran analizar el problema con calma y desde otro punto de vista.

En cuanto a la respuesta específica, aquí es donde intervino el segundo principio: ser coherente pero no rígido. La coherencia es decisiva, por supuesto. Steve y Bela habían adoptado una postura clara sobre la importancia de que Nila fuera sincera y responsable con el móvil, y al menos en este caso no había cumplido el acuerdo. Por tanto, tenían que abordar este fallo con una respuesta coherente.

Sin embargo, tampoco querían tomar una decisión rígida, brusca, ni pasarse de la raya. Su primera reacción fue quitarle el teléfono. Pero en cuanto hubieron hablado y se impuso la calma, reconocieron que, en este caso, esta respuesta sería demasiado drástica, ya que aparte de ese problema, Nila había actuado de forma responsable con el móvil. Así pues, en vez de quitárselo decidieron discutir la cuestión con Nila y pedirle su opinión para encontrar posibles maneras de afrontar la situación. De hecho, fue a ella a quien se le ocurrió un arreglo fácilmente aceptable para todos: cuando fuera a acostarse, dejaría el teléfono fuera de la habitación. Así no sentiría la tentación de ir a ver cada vez que se iluminara, y sus padres tendrían la seguridad de que su hija estaba recargándose al mismo tiempo que el móvil.

Esta respuesta tenía sentido dadas las buenas decisiones que en general tomaba Nila. Todos estuvieron de acuerdo en que, si surgían más problemas, o si se evidenciaba un mal uso del móvil de mayor gravedad, Steve y Bela lo retendrían salvo durante determinados ratos prescritos del día.

Con esta respuesta, que respetaba a Nila lo suficiente para trabajar y colaborar *con* ella al tiempo que se establecían límites, Steve y Bela presentaron un frente unido y coherente que se atenía a sus reglas y expectativas sin mostrarse rígidos ni imponer disciplina de una forma que no beneficiaría a su hija, a la situación ni a su relación con ella.

Como consecuencia de ello, se dieron a sí mismos mayores posibilidades de lograr los tres resultados deseados: percepción, empatía y reparación integrada. Alentaron percepción en su hija mediante el enfoque colaborador adoptado en las preguntas y el diálogo entablado. Las preguntas se centraban en ayudar a Nila a hacer una pausa y pensar en su decisión de encender el móvil cuando en principio no debía hacerlo: «¿Cómo te sientes cuando haces algo que sabes que no deberías hacer? ¿O cuando entramos en tu cuarto y te sorprendemos con el móvil? ¿Cómo crees que nos sentimos nosotros al respecto?» Otras preguntas estaban orientadas a generar la percepción de mejores opciones en el futuro: «La próxima vez que te cueste dormir, ¿qué podrías hacer en vez de coger el teléfono?» Con preguntas así, los padres de Nila le ayudaban a aumentar su percepción personal y a construir el cerebro superior, lo que le permitiría desarrollar una brújula interna y volverse más perspicaz en el futuro. Además, al enfocar el problema de un modo que respetaba a la hija —y sus deseos—, los padres incrementaban las posibilidades de que, más adelante, al entrar en la adolescencia, Nila acudiera a ellos para hablar de cuestiones de mayor trascendencia.

En esta situación, el resultado de la empatía difiere del de otros momentos disciplinarios. A menudo, cuando estimulamos la empatía en los hijos tras haber tomado ellos una decisión desacertada, intentamos que piensen en los sentimientos de los perjudicados por dicha decisión. En este caso, nadie resultó realmente dañado salvo la propia Nila, que perdió algunas horas de sueño. Sin embargo, Steve y Bela procuraron hacerle entender que su confianza en ella había quedado afectada, al menos un poco. Sabían que no debían exagerar el asunto ni rebajarse a utilizar el remordimiento ni la autocompasión, y le transmitieron de forma explícita que no iban a recurrir a esta clase de tácticas. Pero sí le dijeron lo mucho que significaba la relación con ella, y le explicaron que no era bueno que la pérdida de confianza perjudicara estos vínculos.

Esta parte de la discusión sobre la relación se centra en la integración, la conexión de diferentes partes. La integración permite que el todo sea mayor que la suma de sus partes y crea amor en una relación. Por tanto, centrar la atención en la percepción y la empatía, y luego en su relación condujo de forma natural al tercer resultado integrador deseado: la reparación. En cuanto se produce una grieta en una relación, con independencia de lo pequeña que sea, hemos de repararla lo antes posible. Los padres de Nila necesitaban darle esta oportunidad. En su conversación acerca de qué medidas podían poner en práctica para regular el uso del móvil a altas horas, formularon preguntas que ayudaron a su hija a plantearse los efectos relacionales de no atenerse a los compromisos. También procuraron no manipularla emocionalmente haciendo que se sintiera culpable, sino que le hicieron preguntas de buena fe como: «¿Qué podrías hacer para ayudarnos a sentirnos seguros de la confianza que tenemos en ti?» Tenían que «guiar al testigo» un poco, ayudar a Nila a pensar en acciones generadoras de confianza que ella pudiera emprender, como usar el móvil solo para llamar a sus padres de vez en cuando, o dejarlo fuera del cuarto por la noche sin tener que pedírselo. Al hacerlo así, Nila se planteaba formas de ser intencional en la reconstrucción de la confianza de sus padres en ella.

Fijémonos en que este problema de Nila se inscribe en la categoría de conductas típicas que los padres deben afrontar con carácter cotidiano. A veces, no obstante, hay desafíos conductuales en los que puede ser útil contar con profesionales. Cuando se producen conductas más extremas difíciles de manejar que duran períodos más largos, estas pueden ser una señal de que está pasando algo más. Si tu hijo experimenta a menudo una reactividad emocional intensa que no responde a esfuerzos reparadores, acaso sea conveniente hablar con un psicoterapeuta pediatra o un especialista en desarrollo infantil que sepa explorar la situación contigo para ver si tú y tu hijo podéis sacar algún provecho de cierta intervención. Según nuestra experiencia, los niños que muestran una reactividad frecuente e intensa quizá se estén enfrentando a problemas más innatos relacionados con la integración sensorial, la atención y/o la impulsividad, o a algunos trastornos del estado de ánimo. Además, un historial de traumas, una experiencia realmente dura o ciertos desequilibrios relacionales entre los padres y el hijo quizá desempeñan un papel en los conflictos conductuales, pues revelan un problema subyacente en la autorregulación que a veces quizá sea el origen de rupturas reiteradas en una relación. Te animamos a buscar la ayuda de un especialista que pueda ayudarte a transitar por estas cuestiones y orientarte —a ti y a tu hijo— por el camino que lleva al desarrollo óptimo.

De todos modos, en la mayoría de las situaciones disciplinarias, la simple adopción de un enfoque de Cerebro Pleno da lugar a más cooperación de tu hijo y a más paz y serenidad en tu casa. La disciplina 1-2-3 no es una fórmula ni un conjunto de reglas que haya que seguir de manera rigurosa. No es cuestión de memorizarla y aplicarla de forma inflexible. Nosotros solo te damos unas pautas para que las tengas presentes cuando llegue el momento de la redirección. Si recuerdas la definición y la finalidad de la disciplina, los principios que deben guiarla y los resultados deseados, te concederás a ti mismo mejores oportunidades para imponer disciplina a tus hijos y enseñarles con un método que produzca más cooperación por su parte y mejores relaciones entre todos los miembros de la familia.

6

Abordaje de la conducta: tan sencillo como R-E-D-I-R-E-C-C-I-O-N-A-R

Paolo, de once años, llamó a su madre, Anna, desde la escuela para preguntarle si esa tarde podía ir a casa de su amigo Harrison. El plan, explicó Paolo, era estar con Harrison en su casa, donde los dos harían los deberes y luego jugarían hasta la hora de cenar. Cuando Anna preguntó si los padres de Harrison estaban al corriente del plan, Paolo le aseguró que sí, de manera que quedaron en que pasaría a recogerlo antes de cenar.

No obstante, cuando más tarde Anna mandó a la madre de Harrison un mensaje de texto para avisar de que recogería a Paolo en unos minutos, la otra le dijo que estaba en el trabajo. Luego Anna se enteró de que el padre de Harrison tampoco había estado en casa, y que ni uno ni otro tenía ni idea de que Paolo iría a pasar la tarde con su hijo.

Anna se puso furiosa. Sabía que podía tratarse de algún malentendido, pero daba toda la impresión de que Paolo no había dicho la verdad. En el mejor de los casos, no había entendido el plan, por lo que, cuando supo que los padres de Harrison no estarían en casa y nadie se había puesto en contacto con ellos, tenía que habérselo hecho saber a ella. En el peor de los casos, le había mentido descaradamente. Tan pronto como estuvieron en el coche camino de casa desde la de Harrison, ella tuvo ganas de arremeter contra él, anunciar un castigo y soltarle una regañina sobre la confianza y la responsabilidad.

Pero no fue eso lo que hizo.

Lo que sí hizo fue adoptar un enfoque de Cerebro Pleno. Como su hijo ya era mayor y no se encontraba en un estado mental reactivo, la parte «de conexión» de su enfoque solo conllevaba abrazarle y preguntarle si se lo había pasado bien. Luego le demostró el respeto que suponía comunicarse con él directamente. Le habló del mensaje de texto a la madre de Harrison y dijo sin más: «Me alegro de que tú y Harrison os hayáis divertido. Pero la verdad, me intriga una cosa. Como sé que conoces la importancia de la confianza en nuestra familia, me pregunto qué ha pasado aquí.» Hablaba con un tono tranquilo, que no transmitía severidad, sino más bien perplejidad y curiosidad por la situación.

Este enfoque basado en la curiosidad, en virtud del cual ella empezó concediendo a su hijo el beneficio de la duda, ayudó a Anna a reducir el enfrentamiento de la situación disciplinaria. Aunque estaba enfadada, evitó sacar la conclusión precipitada de que los chicos habían engañado a sus padres a propósito. Como consecuencia de ello, Paolo oyó la pregunta de su madre sin sentirse acusado directamente. Además, la curiosidad de la madre dejó la responsabilidad de dar explicaciones de lleno en los hombros de Paolo, por lo que este tuvo que pensar en su toma de decisiones, lo cual a su vez obligó al cerebro superior a hacer un poco de ejercicio. Con su planteamiento, Anna indicaba a Paolo que partía del supuesto de que él había tomado buenas decisiones casi siempre, y que por eso ahora se sentía confusa y sorprendida al ver que, por lo visto, no lo había hecho.

Por cierto, en este caso Paolo no había tomado buenas decisiones. Explicó que Harrison pensaba que su padre estaría en casa, pero cuando llegaron, no estaba. Admitió que tenía que habérselo dicho enseguida, pero no lo había hecho. «Lo sé, mamá. Tenía que haberte dicho que en la casa no había nadie más. Lo siento.»

A continuación, Anna podía responder y pasar de la conexión a la redirección diciendo cosas como: «Sí, me alegra que tengas claro que deberías habérmelo dicho. Por eso me gustaría que me explicaras por qué no lo hiciste.» Sin embargo, ella quería que su redirección fuera algo más que abordar simplemente una conducta. La madre identificó acertadamente este momento como otra oportunidad para crear en su hijo importantes destrezas personales y relacionales, y para ayudarle a comprender que sus acciones habían provocado una pequeña herida en su confianza al desviarse del acuerdo familiar, que consistía en comunicar siempre los cambios de planes. Por eso, antes de pasar a la redirección, tuvo que refrenarse.

ANTES DE REDIRIGIR: MANTÉN LA CALMA Y CONECTA

¿Has visto este cartel británico de la Segunda Guerra Mundial que ha llegado a ser tan popular? Es el que reza así: «Mantén la calma y sigue adelante.» No es un mal mantra para cuando el niño se pone hecho un basilisco... o para evitar que tú te pongas así. Anna advirtió la importancia de mantener la calma al abordar su problema con el comportamiento de Paolo. Regañar y gritar a su hijo no habría hecho ningún bien a nadie. De hecho, habría distanciado a Paolo y habría desviado la atención de lo importante en ese instante: usar el momento disciplinario para encarar su conducta y enseñar.

Más adelante analizaremos muchas estrategias de redirección y veremos distintas maneras de redirigir a los niños cuando han tomado decisiones incorrectas o han perdido por completo el control de sí mismos. Pero antes de decidir qué estrategias debes utilizar cuando rediriges a tus hijos hacia el uso de su cerebro superior, primero debes hacer una cosa: refrenarte. Recuerda que si preguntar: «¿Está mi hijo preparado?» es importante, también lo es preguntarte: «¿Estoy preparado yo?»

Imagina que entras en tu cocina recién limpiada y te encuentras a tu hija de cuatro años encaramada en la encimera, con un cartón de huevos vacío y una docena de cáscaras rotas a su lado, revolviendo un cuenco lleno de huevos. ¡Con la pala! O que tu hijo de doce años te informa, a las seis de la tarde del domingo, de que debe entregar su maqueta de una célula en tres dimensiones a la mañana siguiente. Y eso pese a que te aseguró que tenía hechos todos los deberes y que luego pasó la tarde jugando al baloncesto y a videojuegos con un amigo.

En medio de momentos frustrantes como estos, lo más conveniente es hacer una pausa. De lo contrario, tu estado mental reactivo podría empujarte a chillar o al menos a sermonear sobre las cosas que un niño de cuatro años (o de doce) no debe hacer.

Hay que hacer una pausa. Solo esto. Respira. Procura no reaccionar, castigar o reñir llevado por el enfado.

Sabemos que no es fácil, pero recuerda: si tus hijos se han equivocado de algún modo, debes redirigirlos de nuevo hacia su cerebro superior. Así que también es importante que tú estés en el tuyo. Si tu hijo de tres años tiene una rabieta, no olvides que solo es un niño pequeño con una capacidad limitada para controlar las emociones y el cuerpo. Tu cometido consiste en ser el adulto de la relación y seguir siendo el padre, un refugio seguro y tranquilo en el revuelo emocional. *El modo de responder ante la conducta de tu hijo tendrá un gran efecto en el modo en que se desarrolle el conjunto de la escena.* Así pues, antes de redirigir, contrólate y haz lo posible para mantenerte tranquilo. Es una pausa que viene del cerebro superior pero también lo refuerza. Además, cuando exhibes este tipo de capacidades ante tus hijos, ellos tienen más posibilidades de aprender estas destrezas por sí mismos.

El primer paso es permanecer lúcido y tranquilo durante una pausa.

Luego acuérdate de conectar. Es realmente posible estar en calma, ser afectuoso y educar bien mientras se impone disciplina a un niño. Y resulta *muy efectivo*. No hay que subestimar lo poderoso que puede ser un tono amable de voz mientras inicias una conversación sobre la conducta que quieres cambiar. Ten en cuenta que, en última instancia, tu objetivo es permanecer firme y coherente en tu labor disciplinaria mientras interaccionas con el niño de una manera que transmita cariño, amor, respeto

y compasión. Estos dos aspectos del estilo parental pueden y deben coexistir. Este fue el equilibrio que Anna intentó alcanzar mientras hablaba con Paolo.

Ya has visto que lo hemos manifestado a lo largo del libro: los niños necesitan límites, incluso cuando están alterados. Pero podemos mantenernos firmes al tiempo que procuramos gran cantidad de empatía y validación de los deseos y sentimientos que subyacen al comportamiento del hijo. Quizá digas esto: «Sé que tienes muchas ganas de tomarte otro helado, pero no voy a cambiar de opinión. En todo caso, no pasa nada si lloras y estás triste y decepcionado; estaré aquí para consolarte.»

Y recuerda que no debes rechazar los sentimientos de un niño, sino reconocer la experiencia interna, subjetiva. Si un niño reacciona con fuerza ante una situación, sobre todo si la reacción parece injustificada e incluso ridícula, la tentación del padre es decir algo como «Solo estás cansado» o «No hay para tanto» o «¿Cómo puede molestarte esto?». Sin embargo, este tipo de frases minimizan la experiencia del pequeño: sus pensamientos, sentimientos y deseos. Desde el punto de vista emocional, es mucho más sensible y *efectivo* escuchar, empatizar y entender realmente la experiencia del niño antes de responder. El deseo de tu hijo acaso te parezca absurdo, pero no olvides que para él es muy real, y no debes desatender algo que él considera importante.

Así, cuando sea el momento de imponer disciplina, *Keep calm and connect* (mantén la calma y conecta). Después puedes pasar a tus estrategias de redirección.

ESTRATEGIAS PARA AYUDARTE A R-E-D-I-R-I-G-I-R

Durante el resto de este capítulo nos centraremos en lo que quizás estés esperando: estrategias de redirección Sin Lágrimas, específicas, que puedes adoptar una vez hayas conectado con tus hijos y quieras redirigirlos de nuevo hacia su cerebro superior. Para contribuir a organizar estas estrategias, hemos hecho una lista:

Reducir palabras
Aceptar emociones
Describir, no predicar
Implicar a tu hijo en la disciplina
Reformular un «no» en un «sí» con condiciones
Subrayar lo positivo
Enfocar la situación de manera creativa
Enseñar herramientas de visión de la mente

Antes de entrar en detalles, dejemos una cosa clara: esto no es una lista que sea preciso memorizar, sino simples recomendaciones clasificadas que, según los padres con quienes hemos trabajado a lo largo de los años, son las más útiles. (A propósito, la hemos incluido en la nota para la nevera del final del libro.) Como siempre, debes considerar estas diversas estrategias como diferentes enfoques que forman parte de tu juego de herramientas parental. Selecciona y escoge las más adecuadas en cada circunstancia en función del temperamento, la edad y la fase de desarrollo del niño, así como de tu propia filosofía parental.

ESTRATEGIA DE REDIRECCIÓN N.º 1: REDUCIR PALABRAS

En las interacciones disciplinarias, los padres suelen sentir la necesidad de señalar lo que sus hijos han hecho mal y remarcar lo que se debe cambiar la próxima vez. Por su parte, los niños ya suelen saber qué han hecho mal, sobre todo a medida que van haciéndose mayores. Lo último que quieren (o, por lo general, necesitan) es un largo sermón sobre sus errores.

Te sugerimos encarecidamente que, cuando redirijas, resistas el impulso de hablar demasiado. Es importante abordar el asunto y enseñar la lección, *por supuesto*. Pero hay que hacerlo de manera concisa. Con independencia de la edad del niño, los sermones largos seguramente no harán que quiera escucharte más; lo que estarás haciendo es simplemente saturarlo de información e *input* sensorial. Como consecuencia de ello, lo más normal es que deje de escuchar.

Con los más pequeños, que quizá no han aprendido todavía lo que está bien y lo que no, reducir las palabras es aún más importante. Los niños de corta edad no tienen la capacidad de asimilar un sermón largo. Así pues, hemos de hablar menos.

Por ejemplo, si tu hija pequeña te pega porque está enfadada al ver que no le prestas la atención que sí dedicas a su hermano mayor, no hay motivo alguno para soltar una larga y tediosa alocución sobre por qué pegar es una mala respuesta a las emociones negativas. En vez de ello, mejor probar este enfoque de cuatro pasos que encara el problema y luego sigue adelante utilizando pocas palabras:

LO QUE DICE UN PADRE:

LO QUE OYE EL NIÑO:

ABORDAR LA MALA CONDUCTA DEL NIÑO EN CUATRO PASOS

Paso 1: Conectar y abordar los sentimientos que han causado la conducta

Paso 2: Abordar la conducta

Paso 3: Proponer alternativas

Paso 4: Seguir adelante

Al abordar las acciones del niño y seguir adelante enseguida, procuramos no prestar demasiada atención a la conducta negativa y en lugar de eso volvemos rápidamente al buen camino.

Cuando impongas disciplina, evita la tentación de hablar demasiado, tanto con los pequeños como con los mayores. Si necesitas hacer frente al problema de una manera más completa, inténtalo haciendo preguntas y luego escuchando. Como explicaremos más adelante, una discusión colaborativa puede desembocar en toda clase de enseñanzas y aprendizajes importantes, y los padres alcanzan sus objetivos disciplinarios hablando prácticamente lo mismo que siempre.

Aquí la idea básica equivale al concepto de «ahorrar voz». Los políticos, los empresarios, los líderes comunitarios o cualquier persona que dependa de la comunicación efectiva para conseguir sus propósitos te dirá que, en muchas ocasiones, deciden adoptar la estrategia de ahorrar voz, callándose buena parte de lo que dirían. No nos referimos a la voz literal, como si estuvieran roncos por hablar demasiado, sino a que procuran no entretenerse con asuntos menores de una discusión o una votación para que sus palabras tengan más peso a la hora de abordar los temas realmente importantes.

Con los niños pasa lo mismo. Si nos oyen hablar sin parar sobre lo que hay que hacer y lo que no, y luego, en cuanto hemos dejado clara la idea, volvemos sobre ella una y otra vez, tarde o temprano (seguramente más temprano que tarde) dejarán de escuchar. En cambio, si «ahorramos voz» y abordamos lo que realmente nos interesa y luego dejamos de hablar, las palabras adquirirán más peso.

¿Quieres que tus hijos te escuchen más? Una vez hayas afrontado el comportamiento y los sentimientos subyacentes al mismo, pasa a otra cosa.

ESTRATEGIA DE REDIRECCIÓN N.º 2: ACEPTAR EMOCIONES

Una de las mejores formas de abordar la mala conducta es ayudando a los niños a distinguir entre sus sentimientos y sus acciones. Esta estrategia está ligada al concepto de «conexión», pero en realidad aquí plantearemos una idea distinta.

Cuando hablamos de «aceptar emociones», nos referimos a que, durante la redirección, los padres deben ayudar a los niños a comprender que sus sentimientos no son ni buenos ni malos, ni válidos ni inválidos. *Son*, sin más. No hay nada malo en enfadarse, estar triste o sentir tanta frustración que uno quiera romper algo. Pero decir que no pasa nada por *tener ganas* de romper algo no significa que no pase nada si uno rompe algo de veras. En resumidas cuentas, lo que hacemos como consecuencia de nuestras emociones determina si nuestra conducta es correcta o no lo es.

Así pues, el mensaje a los niños debería ser este: «Puedes sentir lo que quieras, pero no siempre puedes hacer lo que quieras.» Otro modo de enfocarlo es que *queremos decir «sí» a los deseos de los niños, incluso cuando necesitamos decir «no» a su conducta y redirigirlos hacia las acciones adecuadas.*

Así, podríamos decir lo siguiente: «Sé que quieres llevarte el carrito de la compra a casa. Sería muy divertido jugar con él. Pero debe quedarse aquí en el súper para que puedan utilizarlo otros clientes cuando vengan.» O tal vez esto: «Entiendo perfectamente que ahora mismo detestes a tu hermano. Yo también me sentía así con mi hermana cuando era pequeña y me enfadaba con ella. Pero nosotros no nos hablamos gritando "¡Voy a matarte!". No pasa nada por que uno se enfade, y tienes todo el derecho a decírselo a tu hermano. Pero hemos de encontrar otra manera de expresarlo.» Di «sí» a los sentimientos, aunque digas «no» a la conducta.

Si no identificamos y validamos los sentimientos de los niños, o si damos a entender que han de anular sus emociones, o que «no hay para tanto» o que «son estupideces», transmitimos

EN VEZ DE SOFOCAR LAS EMOCIONES...

DI «SÍ» A LOS SENTIMIENTOS
Y «NO» A LA CONDUCTA

el siguiente mensaje: «No me interesan tus sentimientos, y no debes compartirlos conmigo. Quítatelos de encima.» Imaginemos el efecto que puede tener esto en la relación. Con el tiempo, ¡los niños dejarán de compartir sus experiencias internas con nosotros! Por consiguiente, el conjunto de su vida emocional empezará a estrecharse, con lo que serán menos capaces de participar plenamente en relaciones e interacciones significativas.

Más problemático es que un niño cuyos padres minimizan o niegan sus sentimientos empiece a desarrollar lo que se denomina un «*self* nuclear incoherente». Si la madre responde con declaraciones como «relájate» o «no te pasa nada» cuando el niño experimenta tristeza y frustración intensas, este entenderá, aunque solo sea en el plano inconsciente, que su respuesta interna ante la situación no se corresponde con la respuesta externa de la persona en quien más confía. Como padres, debemos ofrecer lo que se conoce como «respuesta contingente», es decir, sintonizar nuestra respuesta con lo que está sintiendo el niño, de una forma que valide lo que está pasando en su mente. Si ante un suceso vivido por un niño, la respuesta del cuidador es coherente —si encaja—, esta experiencia interna tendrá sentido para el pequeño, que podrá entenderse a sí mismo, nombrar la experiencia con seguridad y comunicarla a los demás. Estará desarrollando un «*self* nuclear coherente» y actuando a partir del mismo.

Pero ¿qué pasa si no se produce correspondencia y la respuesta de la madre no concuerda con la experiencia de su hijo en este momento? Una discordancia no va a tener efectos duraderos. Sin embargo, si cuando está alterado se le dice una y otra vez «Deja de llorar» o «¿Por qué estás molesto?, todo el mundo se lo pasa bien», va a empezar a dudar de su capacidad para observar y captar con precisión lo que le pasa por dentro. Su *self* nuclear será mucho más incoherente, con lo cual acabará confuso, lleno de desconfianza hacia sí mismo y desconectado de sus emociones. A medida que crezca y se convierta en adulto, quizá sienta a menudo que sus propias emociones están injustificadas. Tal vez dude de su experiencia subjetiva, e incluso tenga dificultades para saber lo que quiere o lo que necesita. Así pues, es crucial que aceptemos las emociones de los niños y brindemos una respuesta contingente cuando estén alterados o descontrolados.

Una ventaja de identificar los sentimientos de los niños durante la redirección es que puede ayudarles a aprender con más facilidad cualquier lección que queramos enseñarles. Cuando validamos sus emociones y reconocemos el modo en que *ellos están experimentando algo* —viéndolo realmente con sus ojos—, la validación comienza a calmar y regular la reactividad de su sistema nervioso. Y cuando se hallan en un lugar regulado, tienen la capacidad para desenvolverse bien, escucharnos y tomar decisiones correctas. Por otra parte, si negamos sus sentimientos, los minimizamos o intentamos desviar su atención de los mismos, estamos preparándolos para que vuelvan a desregularse fácilmente y se sientan desconectados de nosotros, con lo cual actuarán en un estado de agitación acentuada y serán mucho más susceptibles de venirse abajo, o de desconectarse emocionalmente, cuando las cosas no les sean favorables.

Es más, si decimos «no» a sus emociones, los niños no se sentirán escuchados ni respetados. Han de saber que estamos con ellos, que siempre atenderemos sus sentimientos y que pueden acudir a nosotros a exponer cualquier cosa que les preocupe. No conviene transmitirles que estaremos a su lado únicamente cuando estén contentos o tengan emociones positivas.

Por tanto, en una interacción disciplinaria, aceptamos las emociones de nuestros hijos y les enseñamos a ellos a hacer lo mismo. *Queremos que crean, en un nivel profundo, que incluso cuando les enseñamos sobre conducta buena y mala, sus sentimientos y experiencias siempre serán validados y respetados. Cuando los niños notan esto en sus padres también durante la redirección, son mucho más proclives a aprender las lecciones que los padres están impartiéndoles, de manera que, con el tiempo, disminuirá el número* total *de momentos disciplinarios.*

ESTRATEGIA DE REDIRECCIÓN N.º 3: DESCRIBIR, NO PREDICAR

La tendencia natural de muchos padres, cuando sus hijos hacen algo que no les gusta, es criticar y predicar. En la mayoría de las situaciones disciplinarias, no obstante, estas respuestas no son necesarias. Lo que hemos de hacer es limitarnos a describir lo que vemos, y nuestros hijos comprenderán lo que estamos diciéndoles tan claramente como cuando gritamos, menospreciamos y a todo le encontramos defectos. Y reciben el mensaje con menos agobio y sin estar a la defensiva.

A un niño pequeño podríamos decirle: «Vaya, estás tirando las cartas. Así será difícil jugar.» A un niño más mayor quizá le digamos: «Aún veo platos en la mesa» o «Esto que le has dicho a tu hermano me parece muy feo». Declarando sin más lo que observamos, iniciamos con nuestros hijos un diálogo que ofrece a la cooperación y a la enseñanza muchas más posibilidades que una reprimenda instantánea del tipo: «¡No quiero que le hables así a tu hermano!»

La explicación es que, en la mayoría de los casos, incluso los niños pequeños ven la diferencia entre el bien y el mal. Ya les hemos enseñado lo que es una conducta aceptable y lo que no. Por tanto, a menudo lo único que hace falta es llamar la atención sobre la conducta observada. Es en esencia lo que hizo Anna cuando le dijo esto a Paolo: «Como sé que conoces la importancia de la confianza en nuestra familia, me pregunto qué ha pasado aquí.» *Los niños no necesitan que sus padres les digan que no tomen malas decisiones. Lo que necesitan es que sus padres los redirijan, les ayuden a identificar las malas decisiones que ya han tomado y lo que los ha conducido a las mismas, para así poder rectificar y cambiar lo que sea preciso.*

Naturalmente, estás enseñando a los niños, sobre todo los más pequeños, a distinguir el bien y el mal, lo correcto de lo incorrecto. Sin embargo, también aquí va a ser más efectivo un mensaje corto, claro y directo que una perorata larga y con exceso de explicaciones. E incluso con los pequeños, normalmente una simple observación te permitirá expresar tu punto de vista y suscitar en ellos una respuesta, sea verbal o conductual.

Aquí la idea no es que una descripción de lo que ves sea una especie de frase mágica que interrumpa la conducta en seco. Solo estamos diciendo que, como hemos visto en el capítulo 5, los padres *han de pensar en el cómo* y ser intencionales respecto a *cómo* decir *lo que* hace falta decir.

No es que la frase «Parece que Johnny también quiere columpiarse» comunique algo muy distinto de la que reza «Tienes que compartir». Pero la primera muestra varias claras ventajas respecto de la segunda. Para empezar, evita que el niño se ponga a la defensiva. Quizás aún sienta la necesidad de defenderse, pero no igual que si estuviéramos regañándole o diciéndole lo que ha hecho mal.

En segundo lugar, al describir lo que vemos, la responsabilidad de decidir la respuesta a la observación recae en el niño, con lo cual se ejercita su cerebro superior. Así es como le ayudamos a desarrollar una brújula interna, una destreza que puede durar una vida. Cuando decimos «Jake se siente excluida; debes incluirla», sin duda damos a entender nuestro mensaje. No obstante, estamos haciendo todo el trabajo por el niño, sin permitirle incrementar sus destrezas internas de resolución de problemas y de empatía. Si en vez de ello decimos: «Mira a Jake, allí sentada mientras tú y Leo jugáis», estamos dando al niño la oportunidad de plantearse la situación por sí mismo y determinar lo que debe suceder.

En tercer lugar, describir lo que vemos inicia una conversación, y de este modo damos a entender que cuando el niño hace algo que no nos gusta, nuestra respuesta por defecto será hablar con él sobre el asunto, dejar que se explique y adquirir cierta percepción. A continuación podemos brindarle la oportunidad de defenderse o disculparse si es preciso, y de encontrar una solución al problema provocado por su comportamiento.

«¿Qué está pasando?» «¿Me ayudas a entenderlo?» «No me lo explico.» Cuando estamos enseñando a los niños, pueden ser expresiones potentes. Si señalamos lo que vemos y luego les pe-

EN VEZ DE DAR ÓRDENES Y EXIGIR...

DESCRIBE LO QUE VES

EN VEZ DE CRITICAR Y ATACAR...

DESCRIBE LO QUE ESTÁS VIENDO

dimos que nos ayuden a comprender, se abre una oportunidad para la cooperación, el diálogo y el crecimiento.

¿Ves que las dos respuestas, aunque su *contenido* no sea tan distinto, pueden propiciar en los niños reacciones muy diferentes simplemente debido al *modo* en que los padres transmiten su mensaje? En cuanto los padres describen lo que han observado y piden ayuda para entender, pueden hacer una pausa y permitir que el cerebro del pequeño lleve a cabo su trabajo. A continuación, pueden asumir un papel activo en su respuesta.

Esta estrategia de redirección conduce directamente a la siguiente, que tiene que ver con hacer de la disciplina un proceso mutuo, colaborativo, y no una imposición desde arriba de la voluntad parental.

ESTRATEGIA DE REDIRECCIÓN N.º 4:
IMPLICAR A TU HIJO EN LA DISCIPLINA

Cuando se trata de comunicar en un momento disciplinario, tradicionalmente los padres han hablado (léase: han sermoneado) y los niños han escuchado (léase: no han hecho ni caso). Por lo general, los padres han actuado partiendo de la suposición de que este enfoque unidireccional, basado en el monólogo, es la mejor opción a tener en cuenta... y la única viable.

PADRE ➡ HIJO

En la actualidad, sin embargo, muchos padres están aprendiendo que la disciplina será mucho más respetuosa —y también efectiva— si inician un diálogo: un acto comunicativo bidireccional, recíproco y colaborativo, en vez de soltar un monólogo.

PADRE ←→ HIJO

No estamos diciendo que los padres deban renunciar a su papel como figuras de autoridad en la relación. Si has leído este libro hasta aquí, sabrás que desde luego no propugnamos esto. No obstante, sí sabemos que *cuando los niños se implican en el proceso de disciplina, se sienten más respetados, aceptan lo que proponen los padres y, por tanto, son más proclives a cooperar e incluso a encontrar soluciones a los problemas que de entrada suscitaron la necesidad de imponer disciplina. Como consecuencia de ello, los padres y los hijos trabajan en equipo para determinar la mejor forma de abordar situaciones disciplinarias.*

Recordemos nuestra discusión sobre la visión de la mente y la importancia de ayudar a los niños a percibir sus acciones y desarrollar empatía hacia los demás. Una vez has conectado y tu hijo está listo y receptivo, puedes iniciar un diálogo que conduzca primero a la percepción («Como sé que conoces la regla, me pregunto qué te ha empujado a hacer esto») y luego a la empatía y la reparación integradora («¿Cómo crees que se lo ha tomado ella, y cómo puedes arreglar las cosas?»).

Por ejemplo, imagina que tu hijo de ocho años se pone furioso y se descontrola porque su hermana va *otra vez* a jugar, y él siente que ¡nunca tiene la oportunidad de *nada*! Enfadado, arroja tus gafas favoritas al otro lado de la habitación y las rompe.

Una vez has calmado a tu hijo y has conectado con él, ¿cómo debes hablarle sobre sus acciones? El enfoque tradicional es un monólogo en el que dirías algo como: «No pasa nada por enfadarse, y de hecho a todo el mundo le pasa, pero aunque estés enfadado tienes que controlarte. No podemos romper las cosas de los demás. La próxima vez que te pongas así, debes encontrar una manera adecuada de expresar tus sentimientos.»

¿Tiene algún fallo este estilo de comunicación? No, en absoluto. De hecho, rebosa compasión y respeto saludable por tu hijo y sus emociones. Sin embargo, ¿ves que se basa en la comunicación unidireccional, desde arriba? Estás transmitiendo la información importante, mientras que tu hijo se limita a recibirla.

¿Y si, en cambio, lo implicaras en un diálogo colaborativo que le exigiera plantearse la mejor manera de abordar la situación? Quizá te limitarías a *describir* sin más lo que has visto y luego le pedirías que respondiera: «Hace un rato te has puesto furioso. Me has cogido las gafas y las has tirado. ¿Qué pasaba?»

Como ya habrás conectado, escuchado y respondido a sus sentimientos respecto al día de juego de su hermana, ahora puedes centrarte en tu pregunta. Lo más probable es que vuelva a indisponerse y diga algo como: «¡Estaba muy enfadado!»

Entonces, con tono intencional (pues importa el cómo), puedes describir lo que has visto: «Y luego has tirado mis gafas.» Aquí es cuando seguramente oirás algo como: «Lo siento, mamá.»

En este momento puedes pasar a la siguiente fase de la conversación y centrarte explícitamente en la enseñanza: «Todos nos enfadamos. No tiene nada de malo. Pero ¿qué podrías hacer la próxima vez que te pongas furioso?» Tal vez incluso puedes sonreírle y soltar alguna nota de humor sutil que él agradecerá: «Aparte de romper algo, ya me entiendes.» Y la conversación acaso prosiga a partir de aquí, tú en tu papel de formular preguntas que ayuden a tu hijo a pensar en cuestiones como la empatía, el respeto mutuo, la ética y el control de las emociones fuertes.

Fijémonos en que el mensaje general sigue siendo el mismo, tanto si recitas un monólogo como si inicias un diálogo. Sin embargo, al involucrar a tu hijo en la disciplina, estás dándole la oportunidad de reflexionar sobre sus propias acciones y las consecuencias que se hayan derivado de las mismas en un nivel mucho más profundo.

Le ayudas a establecer vías neurales más complejas que ge-

EN VEZ DE SOLTAR UN MONÓLOGO...

IMPLICA A TU HIJO EN LA DISCIPLINA

neren capacidades de visión de la mente, y el resultado es un aprendizaje más profundo y duradero.

Implicar a los niños en la discusión sobre la disciplina es también un fabuloso método para reducir la frecuencia e intensidad de ciertas pautas o conductas que se hayan establecido involuntariamente en tu casa. Un enfoque disciplinario unidireccional, desde arriba, acaso te lleve a irrumpir en el salón y declarar esto: «¡Últimamente estás dedicando demasiado tiempo a los videojuegos! A partir de ahora, no más de quince minutos al día.» Ya te puedes imaginar la respuesta que recibirás.

Pero también puedes esperar a la hora de cenar y, cuando todos estén sentados a la mesa, decir: «Sé que últimamente dedicas mucho tiempo a los videojuegos, y esto no conviene, pues hace que dejes los deberes para luego. Además, me gustaría que hicieras también otras actividades. Así que hemos de idear un nuevo plan. ¿Alguna idea?»

Cuando menciones la posibilidad de recortar tiempo de pantalla, probablemente todavía experimentarás resistencia. Pero habrás iniciado un debate sobre el tema, y cuando tus hijos sepan que estás hablando de reducir, sin duda valorarán el hecho de formar parte de una conversación orientada a establecer los límites. Puedes recordarles que la decisión final la tomarás tú, pero déjales ver que estás solicitando su intervención porque los respetas, quieres tener en cuenta sus sentimientos y deseos, y consideras que ellos pueden ayudar a resolver problemas con eficacia. Después, aunque la decisión definitiva que tomes no les guste, sabrán que al menos han sido escuchados.

Y lo mismo puede aplicarse a otros asuntos: «Sé que hemos estado haciendo deberes después de cenar, pero esto no funciona; necesitamos otro plan. ¿Alguna idea?» O también: «He notado que no te gusta mucho tener que practicar piano antes de ir a la escuela por la mañana. ¿Prefieres alguna otra hora? ¿Cuál te iría bien?» A los niños suele ocurrírseles la misma solución que en cualquier caso habrías impuesto tú. Pero así han ejercitado su cerebro superior y han percibido tu respeto en todo momento.

EN VEZ DE DAR ÓRDENES Y EXIGIR...

IMPLICA A TUS HIJOS EN EL PROCESO DISCIPLINARIO

Uno de los mejores resultados derivados de la implicación de los niños en el proceso disciplinario es que suelen tener fantásticas ideas nuevas para resolver problemas, ideas que tú ni te habías planteado. Además, quizá te sorprenda descubrir lo dispuestos que están a ceder para encontrar una resolución pacífica a una situación de punto muerto.

Tina cuenta que en una ocasión, cuando su hijo tenía cuatro años, exigió que se le concediera un capricho —en concreto, una bolsa de caramelos— a las nueve y media de la mañana. «Estos caramelos son deliciosos, ¿verdad? —le dijo ella—. Podrás comértelos después de haber desayunado, dentro de un rato.»

El niño no estuvo conforme con el plan de Tina y se puso a llorar, a quejarse y a discutir. «Cuesta mucho esperar, ¿verdad? —respondió la madre—. Tú quieres los caramelos y yo quiero que tomes primero un buen desayuno. Esto... ¿se te ocurre alguna idea?»

Tina vio girar durante unos segundos los engranajes cognitivos de su hijo, cuyos ojos se agrandaron de la emoción. «¡Ya lo sé! —gritó el niño—. ¡Puedo comerme uno *ahora* y dejar el resto para después de comer!»

El niño se sintió importante, se evitó la lucha por el poder, y Tina fue capaz de brindarle la oportunidad de resolver el problema. Y el único coste para ella fue dejarle comer *un* caramelo. No era para tanto.

Como es lógico, a veces no hay margen de maniobra. En ocasiones debes decir «no» y ofrecer a tu hijo la posibilidad de aprender algo sobre esperar o gestionar la decepción. En todo caso, por lo general, implicar al niño en la disciplina se traduce en una solución en la que todos salen ganando.

Tenemos que involucrar todo lo posible incluso a los niños más pequeños, pidiéndoles que reflexionen sobre sus acciones y se planteen el modo de afrontar los problemas en el futuro: «¿Te acuerdas de lo que pasó ayer, cuando estabas enfadado? Normalmente tú no pegas ni das patadas. ¿Qué pasó?» Con preguntas así procuras a tu hijo la oportunidad de practicar la reflexión sobre su conducta y desarrollar la autopercepción. De acuerdo, quizá no obtengas grandes respuestas de un niño pequeño, pero estás sentando las bases para ello. La clave radica en ayudarle a pensar en sus propias acciones.

Después puedes preguntarle qué puede hacer de otra manera la próxima vez que se enfade. Analiza lo que le gustaría que hicieras tú para tranquilizarle. Esta clase de conversación puede contribuir a que comprenda mejor la importancia de regular las emociones, respetar las relaciones, planificar con antelación, expresarse como es debido, etcétera. También transmitirá lo importante que son para ti su participación y sus ideas. El niño entenderá cada vez más que es un individuo diferenciado de ti, y que tú tienes interés en sus pensamientos y sentimientos. Cada vez que involucras a tus hijos en el proceso disciplinario, refuerzas el vínculo entre padres e hijos al tiempo que se incrementan las posibilidades de que ellos se desenvuelvan mejor en el futuro.

ESTRATEGIA DE REDIRECCIÓN N.º 5:
REFORMULAR UN «NO» EN UN «SÍ»
CONDICIONAL

Si has de rechazar una petición, es importante, de nuevo, tener en cuenta *cómo* dices que no. Un «no» rotundo puede ser más difícil de aceptar que un «sí» con condiciones. El «no», sobre todo si se expresa con un tono áspero y desdeñoso, acaso active automáticamente en el niño (o en cualquier persona) un estado reactivo. En el cerebro, la reactividad puede suponer el impulso de luchar, huir, quedarse quieto o, en casos extremos, desmayarse. En cambio, un «sí» de apoyo, incluso aunque no permita la conducta, activa los circuitos de compromiso social, con lo que el cerebro se vuelve receptivo a lo que está pasando, el aprendizaje es más probable y se favorecen las conexiones con los demás.

Esta estrategia es diferente en función de la edad de los niños. A una niña pequeña que pide a su madre más tiempo cuando es la hora de irse, se le puede decir esto: «Claro que puedes estar más rato con la abuelita. Ahora tenemos que irnos, pero, abuelita, ¿te parece bien que volvamos a tu casa este fin de semana?» A la niña quizás aún le cueste aceptar la negativa, pero estás ayudándole a ver que, aunque no esté consiguiendo exactamente lo que quiere en el momento que quiere, se le dice que sí, que volverá pronto. La clave es que has identificado y empatizado con un sentimiento (el deseo de estar con la abuelita) mientras creas estructuras y destrezas (haciendo mención de la necesidad de marchar ahora y retrasando la gratificación del deseo).

O si tu hijo no se cansa del expositor de Thomas la Locomotora en la tienda de juguetes y no está dispuesto a soltar el muñeco para poder marcharos, puedes proponerle un «sí» condicional. Prueba con algo así: «¡Ya sé! Llevamos a Thomas a la dependienta de allí y le explicamos que quieres que te lo guarde en un lugar seguro hasta que regresemos el martes para el cuentacuentos.» La dependienta seguramente seguirá el juego y así evitaremos el potencial fracaso. Es más, estarás enseñando a tu hijo a desarrollar una mente prospectiva, a percibir las posibilidades de futuro y a imaginar el modo de crear acciones futuras para satisfacer necesidades presentes. Se trata de funciones ejecutivas que, una vez aprendidas, pueden constituir destrezas aplicables durante toda la vida. Estás ofreciendo orientación para hacer crecer literalmente los importantes circuitos prefrontales de la inteligencia social y emocional.

Démonos cuenta de que esto no tiene nada que ver con proteger a los niños de la frustración ni con darles todo lo que quieran. Por el contrario, guarda relación con acostumbrarlos en la práctica a soportar su decepción cuando las cosas les son inevitablemente desfavorables. En este momento no están satisfaciendo sus deseos, y tú los acompañas mientras gestionan su desengaño. Estás ayudándoles a desarrollar la resiliencia que tanto les ayudará cada vez que les digan «no» a lo largo de su vida. Estás ampliando su margen de tolerancia a la frustración

EN VEZ DE UN ROTUNDO NO...

REFORMULA UN «NO» EN UN «SÍ» CONDICIONAL

y habituándoles a demorar la gratificación. Todo ello son funciones prefrontales que se desarrollan en tu hijo mientras tú ejerces la labor parental desde la perspectiva del cerebro. En lugar de imponer disciplina conduciendo sin más a un sentimiento de desconexión, ahora el niño sabrá, partiendo de experiencias reales contigo, que los límites que fijas a menudo llevan a aprender destrezas e imaginar posibilidades futuras, no a la reclusión ni al rechazo.

La estrategia es efectiva también con los niños más mayores (e incluso con los adultos). A nadie le gusta que le nieguen algo que quiere, y, según qué otras cosas estén pasando, un «no» puede incluso llegar a trastornarnos. Así, en vez de plantear un rechazo categórico, podemos decir algo como: «Hoy y mañana tienes mucho que hacer, o sea que puedes invitar a tu amigo, pero que sea el viernes. Así tendrás más tiempo para estar con él.» Esto es mucho más fácil de aceptar y procura al niño cierta práctica en la gestión de la decepción, así como en la demora de la gratificación.

Imaginemos, por ejemplo, a un grupo de amigas de tu hija de nueve años que van a un concierto de la última sensación pop, algo que, en tu opinión, representa todo aquello que *no* quieres que tu hija emule. Con independencia de cómo des la noticia, a ella no le va a gustar nada saber que no va a ir al concierto. No obstante, al menos puedes mitigar parte del drama siendo proactivo y adelantándote a los acontecimientos.

Por ejemplo, puedes preguntarle sobre próximos conciertos a los que le gustaría ir, y entretanto ofrecerte para llevarla a ella y a una amiga al cine. Y si quieres ir un poco más allá, incluso puedes buscar *online* algún otro concierto al que le interese ir en el futuro inmediato. Presta mucha atención a tu tono de voz. Sobre todo si has de negar a un niño algo que quiere de veras, es importante no dar la impresión de ser condescendiente ni demasiado dogmático. Tampoco estamos diciendo que esta estrategia vaya a ponerlo todo fácil y a evitar que el niño se sienta enfadado, dolido o incomprendido. Pero al plantear una especie de «sí» condicional en vez de un simple «no, no vas a ir», al menos reduces la reactividad y demuestras a tu hija que estás teniendo en cuenta sus deseos.

De acuerdo, hay veces en que simplemente hemos de pronunciar el temible «no» rotundo. Pero es más habitual contar con maneras de evitar la negativa incluyendo al menos cierta medida de un «sí» que podamos también pronunciar. Al fin y al cabo, las cosas que quieren los niños suelen ser lo que también queremos nosotros para ellos..., solo que en otro momento. Quizá quieren que les leamos más cuentos, jugar con sus amigos, comerse un helado o usar el ordenador, todas ellas actividades de las que también deseamos que disfruten, por lo que normalmente es fácil dar con el momento adecuado para llevarlas a cabo.

De hecho, en las interacciones entre padres e hijos hay un margen importante para la negociación. Esto es cada vez más importante a medida que los niños se hacen mayores. Si tu hijo de diez años quiere quedarse levantado un rato más y le dices que no pero entonces él señala que mañana es sábado y promete dormir una hora más que de costumbre, es un buen momento para al menos reconsiderar tu postura. Como es lógico, hay cuestiones innegociables: «Lo siento, pero no puedes meter a tu hermanita en la secadora, aunque la envuelvas con almohadas.» Pero ceder no es síntoma de debilidad, sino prueba de respeto hacia tu hijo y sus deseos. Además, le brinda la oportunidad de pensar en algo bastante más complejo, dotándole de importantes destrezas para plantearse no solo lo que quiere él, sino también lo que desean los demás, y presentándole luego buenos argumentos partiendo de esta información. Y a largo plazo es *mucho* más efectivo que decir simplemente que no sin tener en cuenta otras alternativas.

ESTRATEGIA DE REDIRECCIÓN N.º 6:
SUBRAYAR LO POSITIVO

Los padres suelen olvidar que la disciplina no siempre ha de ser negativa. Vale, lo habitual es imponer disciplina porque ha pasado algo que dista de ser óptimo, hay una lección que es preciso aprender o una destreza que hay que desarrollar. Sin embargo, una de las mejores maneras para afrontar el mal comportamiento es centrándote en los aspectos positivos de lo que están haciendo tus hijos.

Por ejemplo, pensemos en esta pesadilla de la existencia parental: los lloriqueos. Todos hemos acabado hartos de oír ese tono quejumbroso, esa cantinela que nos hace apretar los dientes y taparnos las orejas. Los padres suelen responder diciendo algo como: «¡Basta de gimoteos!» O acaso sean más creativos y digan: «Baja el volumen» o «¿Qué es esto? No hables en plan quejica. Conmigo usa otro idioma».

No estamos diciendo que sean los peores enfoques posibles. De todos modos, cuando recurrimos a las respuestas negativas tenemos un problema, pues esto centra toda la atención en la conducta que no queremos ver repetida.

¿Y si hacemos hincapié en lo positivo? En vez de «Basta de lloriqueos», podríamos decir algo como: «Me gusta más cuando hablas con tu voz normal, ¿puedes repetir eso?» O ser incluso más directo en la enseñanza de la comunicación efectiva: «Pídemelo otra vez, pero con tu voz fuerte de chico mayor.»

La misma idea es aplicable a otras situaciones disciplinarias. En lugar de centrarte en lo que *no* quieres («¡Deja de enredar y prepárate, vas a llegar tarde a clase!»), haz hincapié en lo que *realmente* quieres («Tienes que lavarte los dientes y buscar la mochila»). En vez de destacar la conducta negativa («Nada de bicicleta hasta que te hayas comido las judías»), céntrate en lo positivo («Cómete unas cuantas judías y luego nos montamos en la bici»).

Hay muchísimas otras maneras de subrayar lo positivo cuando imponemos disciplina. Quizás hayas oído la vieja sugerencia de «pillar» a tus hijos cuando se portan bien y toman decisiones correctas. Cada vez que veas a tu hijo mayor, que normalmente se mete mucho con su hermana pequeña, hacerle un cumplido, menciónalo: «Me encanta que la animes así.» O si a tu hijo de doce años le ha costado terminar a tiempo los

EN VEZ DE CENTRARTE EN EL PROBLEMA...

SUBRAYA LO POSITIVO

deberes y notas que está haciendo un esfuerzo especial para adelantar el trabajo que debe presentar la semana próxima, constátalo: «Estás trabajando muchísimo, ¿verdad? Enhorabuena por ser tan previsor.» O cuando los niños se ríen juntos en vez de pelearse, haz un comentario: «Os estáis divirtiendo, ¿eh? Sé que a veces también discutís, pero es fantástico que os lo paséis bien juntos.»

SUBRAYA LO POSITIVO AL PILLAR A LOS NIÑOS PORTÁNDOSE BIEN

Al hacer hincapié en lo positivo, centras la atención en las conductas que quieres ver repetidas. También es una forma discreta de alentar estos comportamientos en el futuro sin que la interacción acabe consistiendo en recompensas o elogios. Simplemente prestar atención a tu hijo y dejar constancia de lo que ves puede ser una experiencia positiva en sí misma.

No estamos diciendo que no debas abordar también las conductas negativas. Ni mucho menos. Sin embargo, en la me-

dida de lo posible, céntrate en lo positivo y permite a tus hijos entender, *y percibir de ti,* que cuando toman buenas decisiones y se desenvuelven bien lo notas y lo valoras.

ESTRATEGIA DE REDIRECCIÓN N.º 7: ENFOCAR LA SITUACIÓN DE MANERA CREATIVA

Una de las mejores herramientas que has de tener siempre a mano en tu repertorio parental es la creatividad. Como hemos dicho y repetido a lo largo del libro, no existe una técnica disciplinaria «de talla única» susceptible de ser utilizada en todas las situaciones. Pero sí hemos de estar dispuestos a improvisar sobre la marcha y encontrar distintas maneras de gestionar cualquier problema que surja. Como señalamos en el capítulo 5, los padres necesitan flexibilidad de respuesta, lo que les permite hacer una pausa y tener en cuenta diversas respuestas a una situación, aplicando diferentes enfoques partiendo de su propio estilo parental y del temperamento y las necesidades del niño individual.

Cuando ejercitamos la flexibilidad de respuesta, utilizamos la corteza prefrontal, clave para el cerebro superior y las destrezas de las funciones ejecutivas. Si durante un momento disciplinario implicamos esta parte del cerebro, será mucho más probable que podamos suscitar empatía, comunicación sintonizada e incluso consigamos calmar nuestra propia reactividad. Si, por el contrario, nos volvemos *inflexibles* y permanecemos en la orilla rígida del río, seremos mucho más reactivos como padres y no nos desenvolveremos tan bien. ¿Has vivido alguna vez un momento así? Nosotros también. El cerebro inferior asume el mando y dirige las operaciones, lo que permite a los circuitos cerebrales reactivos tomar el control. Por eso es tan importante esforzarnos por conseguir flexibilidad de respuesta y creatividad, sobre todo cuando los niños están descontrolados y toman decisiones incorrectas. Entonces podemos idear formas creativas e innovadoras para enfocar situaciones difíciles.

Por ejemplo, cuando el niño está alterado, el humor es un instrumento poderoso. En especial con los más pequeños, puedes cambiar completamente la dinámica de una interacción hablando simplemente con voz ridícula, cayéndote cómicamente o haciendo cualquier otra payasada. Si tienes seis años y estás enfadado con tu padre, no es fácil permanecer furioso si él se tropieza con un juguete en el salón y representa la caída más interminable que hayas visto jamás. Del mismo modo, abandonar el parque es mucho más divertido si has de perseguir a mamá hasta el coche mientras cacarea y chilla con miedo fingido. Las bromas son un método fabuloso para reventar la burbuja de emociones intensas del niño y ayudarle a recuperar el control de sí mismo.

Esto también es aplicable a las interacciones con niños más mayores; solo debes ser más sutil y estar dispuesto a que pongan alguna vez los ojos en blanco. Si tu hijo de once años está en el sofá, más bien poco predispuesto a participar contigo y sus hermanos más pequeños en un juego de mesa, puedes cambiar el estado de ánimo sentándote juguetonamente sobre él. También en este caso has de hacerlo de una manera considerada que encaje con la personalidad y el humor del chico, pero un guasón «Oh, cuánto lo siento; no te había visto» puede al menos suscitar un frustrado «Papáaaa» de mentirijillas y cambiar la dinámica de la situación.

Una explicación de por qué este tipo de bromas son eficaces con los niños —y también con los adultos, por cierto— es que al cerebro le encanta la novedad. Si muestras al cerebro algo que no ha visto antes, algo que no esperaba, prestará atención a ese algo. Desde una óptica evolutiva, es lógico: algo distinto de lo que vemos habitualmente despertará nuestro interés en un nivel primitivo y automático. Después de todo, la primera tarea del cerebro es valorar cualquier situación por seguridad. Su atención se dirige de inmediato a lo que sea excepcional, novedoso, inesperado o diferente, para así poder evaluar si el nue-

EN VEZ DE DAR ÓRDENES Y EXIGIR...

MEJOR SER CREATIVO Y JUGUETÓN

vo elemento del entorno es seguro o no. Los centros cerebrales de valoración preguntan: «¿Es importante? ¿Debo prestar atención aquí? ¿Es bueno o malo? ¿Me acerco o me alejo?» Este interés por la novedad es una de las razones fundamentales por las que el humor y las tonterías pueden ser tan útiles en un momento disciplinario. Asimismo, un sentido del humor respetuoso transmite la ausencia de amenaza; esto posibilita la implicación de los circuitos de compromiso social, lo cual a su vez facilita nuestra conexión con los demás. Las respuestas creativas a situaciones disciplinarias conducen al cerebro de los niños a formularse estas preguntas, a volverse más receptivos y a prestarnos toda su atención.

La creatividad es altamente conveniente en muchas situaciones. Pongamos que tu hija preescolar de tres años está utilizando una palabra que no te gusta. Quizás está diciendo que las cosas son «estúpidas». Has intentado ignorarla, pero no dejas de oír la palabra. Has intentado reformularla con un sinónimo más aceptable —«tienes razón, estas gafas de natación son un poco raras, ¿verdad?»—, pero ella sigue diciendo que son estúpidas.

Si ignorar y reformular no resultan estrategias efectivas, en vez de prohibir la palabra —ya sabes qué resultado da eso— trata de ser creativo. A un ingenioso director de preescolar se le ocurrió una inspirada manera de abordar el uso de la palabra. Cada vez que oía a un niño decir que algo era estúpido, explicaba, como si tal cosa, que en realidad la palabra estaba pensada para ser usada en un contexto determinado: «"Estúpido" es una palabra fantástica, ¿verdad?, pero me temo que la estás utilizando mal, pequeña. Mira, es una palabra especial que de hecho solo se usa cuando uno habla con pollitos. Viene a ser una palabra de granja. A ver si encontramos otra para esta situación.»

Hay muchísimas formas de enfocar una situación así. Puedes sugerir emplear una palabra clave que signifique «estúpido» de modo que los dos compartáis un lenguaje privado que nadie más entienda. A lo mejor el término nuevo podría ser «pegote» o algún otro término divertido, o incluso un gesto que hagáis juntos. El secreto estriba en encontrar una manera de redirigir creativamente al niño hacia una conducta que sea más aceptable para todos los implicados, y que incluso nos dará una sensación divertida de conexión.

De todos modos, hay que admitir una cosa: a veces no *tienes ganas* de ser creativo. Da la sensación de que para ello se requiere mucha energía. O tal vez no estás demasiado contento con el comportamiento de tus hijos, por lo que no te ilusiona precisamente la idea de reunir la energía necesaria para ayudarles a cambiar su estado de ánimo o a ver las cosas desde otro punto de vista. En otras palabras, a veces simplemente no te apetece ser divertido y chistoso. ¡Quieres que se coloquen en el asiento sin tanto revuelo! ¡Quieres que se pongan los dichosos zapatos! ¡Quieres que hagan los deberes de una vez, o que dejen el videojuego, o que no se peleen más, o lo que sea!

Lo entendemos, chico. Lo entendemos.

No obstante, comparemos las dos opciones. La primera es ser creativo, lo que suele exigir más energía y buena voluntad de las que somos capaces de reunir cuando no nos gusta la conducta de los niños. Puaj.

En todo caso, la otra opción es seguir participando en cualquier batalla que la situación disciplinaria haya creado. Doble puaj. Librar la batalla, ¿no acababa consumiendo mucho más tiempo y energía? *El hecho es que a menudo podemos evitar totalmente el enfrentamiento dedicando solo unos segundos a buscar una idea que sea divertida y graciosa.* Así pues, la próxima vez que veas a tus hijos dispuestos a liarla, o detectes un problema concreto con el que normalmente acabas enfadado, piensa en tus dos opciones. Pregúntate lo siguiente: «¿Quiero realmente el enfrentamiento que asoma en el horizonte?» Si la respuesta es «no», prueba la vía juguetona. Haz el tonto. Aunque no tengas ganas, ármate del vigor necesario para ser creativo. Elude el drama que te amarga la vida y toma la diversión en la relación con tu hijo. Esta opción es más divertida para todos, lo prometemos.

ESTRATEGIA DE REDIRECCIÓN N.º 8: ENSEÑAR HERRAMIENTAS DE VISIÓN DE LA MENTE

La última estrategia de redirección que analizaremos es quizá la más revolucionaria. Recordemos que la visión de la mente, o *mindsight*, es la capacidad de ver la propia mente y la de los otros así como de promover la integración en nuestra vida. En cuanto los niños comienzan a desarrollar la percepción personal que les permite ver y observar su mente, son capaces de aprender a usar esta percepción para gestionar situaciones difíciles.

Analizamos esta idea con detalle en nuestro libro anterior, *El cerebro del niño*, donde nos centrábamos en diversas estrategias de Cerebro Pleno que los padres pueden utilizar para ayudar a sus hijos a integrar el cerebro y desarrollar la visión de la mente. Como hemos expuesto los fundamentos de este libro a públicos formados por padres, terapeutas y educadores, hemos perfeccionado las ideas.

Los niños pequeños son capaces de entender las líneas generales de esta última estrategia de redirección, si bien los más mayores son, como es lógico, capaces de captar el mensaje más a fondo: *No tienes por qué atascarte en una experiencia negativa. No tienes por qué ser víctima de acontecimientos externos ni de emociones internas. Puedes utilizar la mente para hacerte cargo de cómo te sientes y cómo actúas.*

Comprendemos que se trata de una promesa extraordinaria. Sin embargo, a lo largo de los años este enfoque ha funcionado con tantas personas, que somos incondicionales de él. Los padres pueden enseñar a sus hijos, y a sí mismos, herramientas de visión de la mente que les ayudarán a capear tormentas emocionales y a afrontar con más eficacia las experiencias difíciles, lo que les impulsará a tomar mejores decisiones y a sufrir menos el caos y el enfrentamiento que se producen cuando están alterados. *Podemos ayudar a los niños a dar su opinión sobre cómo se sienten y cómo ven el mundo.* No mediante cierto proceso misterioso, místico, asequible solo para los superdotados, sino mediante el uso del conocimiento sobre el cerebro y su aplicación de maneras simples, lógicas y prácticas.

Por ejemplo, quizás hayas oído hablar del famoso experimento del malvavisco de Stanford, llevado a cabo en las décadas de 1960 y 1970. Se hacía entrar en una sala a varios niños pequeños de uno en uno, y un investigador los invitaba a sentarse a la mesa. Encima de esta había una golosina, y el investigador explicaba que abandonaría la habitación durante unos minutos. Si el niño resistía la tentación de comerse entretanto la golosina, él al regresar le daría dos.

Los resultados fueron, como era de prever, divertidísimos y entrañables. Si buscas *online*, encontrarás vídeos de numerosas réplicas del estudio, en las que los niños actúan de formas diversas: cerrando los ojos, tapándose la boca, dando la espalda a la golosina, acariciándola como si fuera un animal de peluche, mordisqueándole con picardía los extremos, etcétera. Algunos incluso agarran el dulce y se lo comen antes de que el investigador pueda terminar de dar las instrucciones.

Se ha escrito mucho sobre este estudio y otros experimentos complementarios centrados en la capacidad de los niños para postergar la gratificación, mostrar autocontrol, aplicar razonamiento estratégico, etcétera. Según los investigadores, los niños que ponían de manifiesto más capacidad para esperar antes de comerse la golosina solían presentar mejores resultados a medida que crecían, como conseguir buenos resultados académicos, tener puntuaciones más altas en las pruebas de admisión a la universidad o estar físicamente en forma.

NIÑOS DE CEREBRO PLENO: Enseña a tus hijos sobre su cerebro superior e inferior

TU CEREBRO INFERIOR Y TU CEREBRO SUPERIOR

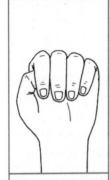

Cierra el puño. Es lo que denominamos «modelo de la mano» de tu cerebro. Recuerda que tu cerebro tiene un lado derecho y un lado izquierdo. Bueno, pues también tiene un cerebro de arriba y un cerebro de abajo.

El cerebro de arriba es el que te ayuda a tomar buenas decisiones y hacer lo correcto, incluso cuando te sientes realmente alterado.

Ahora levanta un poco los dedos. ¿Ves dónde está el pulgar? Es parte de tu cerebro inferior, y es de donde vienen realmente los sentimientos fuertes. Te permite preocuparte por otras personas y sentir amor. También te permite sentirte alterado, como cuando estás frustrado o furioso.

Estar alterado no tiene nada de malo. Es algo normal, sobre todo cuando tu cerebro de arriba te ayuda a calmarte. Por ejemplo, cierra otra vez los dedos y fíjate en que la parte de pensamiento superior de tu cerebro está tocando el pulgar, por lo que puede ayudar al cerebro inferior a expresar sus sentimientos con calma.

A veces, cuando estamos muy enfadados, podemos perder los estribos. Levanta los dedos así. Fíjate en que el cerebro de arriba ya no está tocando el de abajo. Esto significa que no puede ayudarle a permanecer tranquilo.

POR EJEMPLO:

Esto es lo que le pasó a Jeffrey cuando su hermana echó abajo su torre de Lego. Perdió los nervios y quería gritarle.

Pero los padres de Jeffrey ya le habían hablado de eso y de cómo el cerebro superior podía abrazar al cerebro inferior y ayudarle a calmarse. Aún estaba enfadado, pero en vez de gritar a su hermana fue capaz de decirle que eso no le había gustado y pidió a sus padres que se la llevaran de su cuarto.

Así, la próxima vez que notes que empiezas a enfadarte demasiado, haz un modelo del cerebro con la mano. (Recuerda que es un modelo cerebral, ¡no un puño irritado!) Pon los dedos rectos y luego bájalos despacio hasta que abracen al pulgar. Así te acordarás de utilizar el cerebro de arriba para ayudarte a calmar estos sentimientos fuertes del cerebro de abajo.

La aplicación que queremos subrayar aquí es lo que reveló un reciente estudio sobre cómo los niños podían usar herramientas de visión de la mente para tener más éxito en la demora de la gratificación. Según los investigadores, si les proporcionaban instrumentos mentales que les dieran una perspectiva o una estrategia para reprimir el impulso de comerse la golosina —ayudándoles así a controlar sus emociones y deseos del momento—, los niños exhibían mucho más autocontrol. De hecho, cuando los investigadores enseñaron a los niños a imaginar que delante de ellos no había un malvavisco de verdad, sino solo una foto, ¡fueron capaces de esperar mucho más que aquellos a quienes no se enseñó ninguna estrategia que les ayudara a esperar! En otras palabras, usando simplemente una herramienta de visión de la mente, los niños pudieron gestionar sus emociones, impulsos y acciones con mayor eficacia.

Puedes hacer lo mismo con tus hijos. Si has leído *El cerebro del niño*, ya conoces el modelo «de mano» del cerebro. Así lo explicamos en unos dibujos de «Niños de Cerebro Pleno» para ser leídos por los padres.

Hace poco, Dan recibió un correo electrónico de una directora de escuela acerca de un nuevo alumno de parvulario que siempre estaba enredando. Tras enseñar a la clase el modelo cerebral de la mano, la maestra advirtió resultados inmediatos:

Ayer vino a verme una maestra, preocupada por el comportamiento de un nuevo alumno del parvulario. El niño acababa de llegar a la escuela, y solía arrastrarse por debajo de las mesas y decir que lo detestaba todo. (Está viviendo con un miembro de la familia, pues su madre está en la cárcel, y ahora ha tenido que dejar a un maestro que realmente le gustaba.)

Hoy la maestra ha vuelto a explicar el Cerebro-en-la-Mano, algo nuevo para él. Mientras ella hablaba, el niño ha estado casi todo el rato debajo de la mesa. Poco después, le ha hecho una señal a la maestra, ha mostrado la mano abierta y él solito se ha ido al rincón de pensar, donde ha estado un buen rato (de hecho, casi se ha quedado dormido).

Cuando por fin se ha levantado, se ha acercado a la maestra mientras ella estaba dando clase, ha señalado su mano/cerebro con los dedos cerrados y se ha incorporado al grupo.

Al rato, ella le ha felicitado por su participación, y él ha dicho: «Lo sé. Te lo he dicho.» Y ha señalado su mano/cerebro con los dedos cerrados.

Ha sido un momento increíble, ¡y ella y yo hemos celebrado que el niño encontrara ese lenguaje que tanto necesitaba!

Más tarde, he entrado en el aula durante un rato de juegos de elección y he jugado con él al «restaurante». En un momento dado, ha cogido una flor de un jarrón y me la ha dado. Me he conmovido. Ayer su maestra lo consideraba un problema para la clase. Hoy aprovecha todas las oportunidades para conectar con nosotros. Doy gracias a Dios por estar aprendiendo esto.

¿Qué hizo la maestra? Dar al alumno una herramienta de visión de la mente. Le ayudó a desarrollar una estrategia para entender y expresar lo que estaba pasando a su alrededor y dentro de sí mismo, a fin de poder luego tomar decisiones intencionales sobre cómo responder.

Otra manera de decirlo es que hemos de ayudar a los niños a desarrollar *una modalidad doble de procesamiento de los acontecimientos que se producen en su vida*. La primera modalidad tiene que ver con enseñarles a ser conscientes de sus experiencias subjetivas y percibirlas sin más. En otras palabras, cuando ellos se enfrentan a algo difícil, no queremos que nieguen esta experiencia ni que repriman sus emociones al respecto. Queremos que hablen de lo que está pasando mientras describen su experiencia interna, comunicando lo que sienten y ven en ese momento. Es la primera modalidad de procesamiento: simplemente identificar la experiencia y enfrentarse a ella.

En resumidas cuentas, esa maestra no quería que el pequeño negara sus sensaciones. Sus sensaciones eran su experiencia, y esta «modalidad de experimentación» tiene que ver simplemente con percibir la experiencia subjetiva interna mientras se produce.

No obstante, también queremos que los niños sean capaces de *observar* qué está pasando dentro de ellos y qué impacto les causa la experiencia. Según algunos estudios sobre el cerebro, en realidad tenemos dos circuitos distintos: uno de experimentación y otro de observación. Son diferentes, pero cada uno tiene su importancia, e integrarlos significa crearlos y luego unirlos. Queremos que nuestros hijos no solo experimenten sus sentimientos y perciban sus sensaciones, sino que también sean capaces de *notar* cómo se siente su cuerpo, de *presenciar* sus propias emociones. Queremos que presten atención a sus emociones («Noto que me siento algo triste», o «Ahora mismo mi enfado no es como una uva, ¡sino como una sandía!»). Queremos enseñarles a inspeccionarse a sí mismos, y luego a resolver problemas partiendo de esta conciencia de su estado interno.

Es lo que hizo el niño. Vivió su experiencia y a la vez la observó. Esto le permitió *reconocer* lo que estaba pasando. Fue consciente de ser capaz de observar su experiencia mientras estaba teniéndola. Pudo atestiguar el despliegue de la experiencia, no solo vivirla. Y después pudo narrar lo sucedido mediante el lenguaje a fin de dar a los demás y a sí mismo una interpretación de lo que estaba ocurriendo. Sirviéndose del modelo de la mano, se examinó a sí mismo y admitió que había «perdido los estribos» (mostrando los dedos abiertos), y en respuesta tomó medidas, lo que modificó su estado interno. A continuación, cuando ya controlaba de nuevo sus emociones, se reincorporó al grupo.

En nuestro trabajo, vemos a niños y padres que se quedan atascados en una experiencia. Necesitan afrontar lo que les ha sucedido, por supuesto. Pero esto es solo una modalidad de procesamiento. También tienen que analizar y pensar en lo que está pasando. Deben usar herramientas de visión de la mente para ser conscientes de lo que está ocurriendo y observarlo, casi como haría un reportero. Una manera de explicarlo es que queremos ser el actor, experimentando la escena en el momento, pero también el director, que mira de forma más objetiva y puede, desde fuera de la escena, ser más perspicaz sobre lo que está teniendo lugar en el campo visual de la cámara.

Cuando enseñamos al niño a ser actor y director —a aceptar la experiencia y también inspeccionar y observar lo que está pasando en su interior—, le procuramos instrumentos importantes que le ayudarán a encontrar maneras de responder a las situaciones a las que se enfrente. Esto le permitirá decir: «¡No soporto los exámenes! ¡El corazón me late deprisa, me pongo frenético!» Pero también observará: «No es tan extraño. Quiero sacar buena nota. Pero no debo ponerme nervioso. Solo tengo que pasar del programa de televisión de la noche y dedicar algo más de tiempo a estudiar.»

De nuevo se trata de enseñar a los niños a no quedarse atascados en una experiencia. También pueden ser observadores y, por tanto, agentes de cambio. Pongamos, por ejemplo, que el niño que acabamos de mencionar sigue demasiado preocupado por el examen del día siguiente. Inicia un proceso de inquietud que lo lanza a una espiral de pánico sobre el examen y la evaluación, aparte de lo que esto podría significar para la nota media final y la posibilidad de ir a una buena universidad.

Para los padres sería un momento idóneo para enseñarle a cambiar sus emociones y su pensamiento moviendo el cuerpo o modificando sin más la postura física. En *El cerebro del niño*, a esta herramienta concreta de visión de la mente la denominamos «técnica de muévelo o piérdelo». Los padres podrían hacerlo sentar «como un fideo», totalmente relajado y «desmadejado», durante un par de minutos. A continuación, todos juntos podrían observar que sus sentimientos, sus pensamientos y su cuerpo comenzaban a notarse distintos. (Es realmente asombroso lo efectiva que puede ser esta estrategia particular cuando estamos tensos.) Luego podrían volver a su sitio y hablar del examen desde un «lugar desatascado», donde contemplarían otras opciones.

Hay muchas maneras en que puedes instruir a los niños sobre el poder de la mente. Explícales el concepto de «música tiburón» y entabla una conversación sobre qué experiencias del pasado acaso estén influyendo en su toma de decisiones. O háblales del río del bienestar. Enséñales las imágenes del capítulo 3 y acompáñales en una discusión sobre una experiencia reciente cuando estén especialmente caóticos o rígidos. O, si tienen miedo de algo, diles, por ejemplo: «Enséñame cómo está tu cuerpo cuando eres valiente, y veamos qué sensaciones transmite.» Según ciertos estudios recientes, solo con mantener el cuerpo en determinadas posturas podemos cambiar las emociones además de la forma de ver el mundo.

Las oportunidades de enseñar la visión de la mente están por todas partes. En el coche, si tu hija de nueve años está irritada por un mal lanzamiento en el partido de baloncesto, dirige su atención a las salpicaduras del parabrisas. Di algo así: «Cada mancha del parabrisas es algo que ha pasado o pasará este mes. Esta de aquí es tu partido de baloncesto. Esto es real, y sé que estás afectada. Me alegra que seas capaz de ser consciente de tus sentimientos. Pero mira las otras manchitas. Esta corresponde a la fiesta de este fin de semana. Te hace ilusión, ¿verdad? Y esta de al lado representa tus notas de mates de ayer. ¿Recuerdas lo orgullosa que estabas?» Luego prosigue la conversación y coloca el mal lanzamiento en el contexto de las demás experiencias.

El objetivo de un ejercicio así no es decirle a tu hija que no se preocupe por el partido de baloncesto. Ni mucho menos. Hemos de *animar* a los niños a experimentar sus sentimientos y a compartirlos con nosotros. La modalidad de percepción que nos permite experimentar directamente es una importante estrategia de procesamiento. No obstante, a lo largo del camino, hemos de brindarles perspectiva y ayudarles a entender que pueden centrar la atención en otros aspectos de su realidad. Esto deriva de tener bien desarrollados también los circuitos de *observación*, no solo los de *percepción*. No es que hayamos de escoger entre unos u otros. Todos son importantes, y juntos forman un fantástico equipo. Es uno de los procedimientos mediante los cuales podemos ayudar a los niños a desarrollar integración, al discriminar sus capacidades de percepción y de asimilación y luego unirlas. Tras haber construido ambos circuitos, los niños pueden utilizar la mente para pensar en cosas distintas de las que están afectándoles en un momento determinado, como consecuencia de lo cual ven el mundo de otra forma y se sienten mejor. Cuando proporcionamos a nuestros hijos herramientas de visión de la mente les regalamos la capacidad de regular sus emociones para no ser dominados por ellas y, por tanto, no ser víctimas del entorno o de las agitaciones externas.

La próxima vez que aparezca en tu casa una oportunidad disciplinaria, ofrece a tus hijos algunos instrumentos de visión de la mente. O utiliza alguna de las otras estrategias de redirección aquí expuestas. Quizá tengas que probar varios enfoques distintos. No existe una estrategia aplicable a todas las situaciones. Pero si actúas a partir de una perspectiva Sin Lágrimas, de Cerebro Pleno, que primero conecta y luego redirige, puedes alcanzar con más eficacia los principales objetivos de la disciplina: conseguir cooperación en el momento y modelar el cerebro de tus hijos para que sean personas amables y responsables que disfrutan de relaciones satisfactorias y de una vida positiva.

CONCLUSIÓN

Sobre varitas mágicas, ser humano, reconexión y cambio: cuatro mensajes de esperanza

A lo largo de todo el libro hemos hecho hincapié en que la Disciplina sin Lágrimas facilita una interacción disciplinaria mucho más tranquila y afectuosa. También hemos dicho que un enfoque Sin Lágrimas, de Cerebro Pleno, no solo es mejor para tus hijos, su futuro y tu relación con ellos, sino que en realidad también hace que la disciplina sea más efectiva y que tu vida resulte más fácil, pues incrementa la cooperación por parte de los niños.

Con todo, incluso con las mejores ambiciones y los métodos más intencionales, a veces la gente abandona la interacción disciplinaria enfadada, confusa y frustrada. En las últimas páginas queremos ofrecer cuatro mensajes de esperanza y consuelo para estos momentos difíciles en que todos afrontamos inevitablemente la tarea de imponer disciplina a los hijos.

PRIMER MENSAJE DE ESPERANZA: NO EXISTE NINGUNA VARITA MÁGICA

Un día, el hijo de siete años de Tina se puso furioso porque ella le dijo que no podía invitar a un amigo a jugar. El niño se fue a su cuarto echando chispas y cerró de un portazo. Aún no había pasado un minuto, cuando ella oyó que la puerta se abría y volvía a cerrarse de golpe.

Tina cuenta la historia así:

Fui a ver cómo estaba mi hijo; di unos golpecitos en la puerta y vi esta imagen.

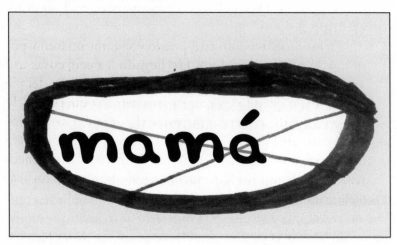

(En el dibujo de debajo, puedes ver que utiliza con frecuencia sus facultades artísticas para transmitir sus sentimientos hacia sus padres.)

Entré en su cuarto y vi lo que ya me había imaginado: un bulto del tamaño de un niño bajo las mantas de la cama. Me senté al lado del bulto y coloqué la mano sobre lo que supuse que era su hombro, y de repente el bulto se alejó de mí, hacia la pared. Desde debajo de las mantas, mi hijo gritó: «¡Lárgate!»

En momentos como este, puedo volverme infantil y ponerme al nivel de mi hijo. He llegado a decir cosas así: «¡Muy bien! ¡Si no me dejas que te corte esta uña del pie que te duele, ya puedes pasarte una semana quejándote!»

Pero ese día concreto mantuve el control y me desenvolví bastante bien, procurando abordar la situación desde una perspectiva de Cerebro Pleno. Primero intenté conectar reconociendo sus sentimientos: «Sé que te pone furioso que Ryan no pueda venir hoy.»

¿Su respuesta? «¡Sí, y te odio!»

Conservé la calma y dije: «Cariño, sé que es triste, pero es que hoy no hay tiempo para que Ryan venga. Dentro de un rato nos vemos con tus abuelos para cenar.»

En respuesta, se acurrucó y se alejó de mí todo lo posible. «¡He dicho que te largues!»

Utilicé una serie de estrategias, las que hemos visto en los capítulos anteriores. Le consolé mediante la conexión no verbal. Traté de relacionarme con su cerebro cambiante, cambiable y complejo. Busqué el porqué y pensé en el cómo de mi comunicación. Validé sus sentimientos. Intenté entablar un diálogo colaborativo y reformular mi «no» proponiendo que jugaran al día siguiente. Pero en ese momento él no estaba en condiciones de calmarse ni preparado para dejar que yo le ayudase de ningún modo. Todos los intentos de conexión resultaron infructuosos.

Momentos así ponen de relieve una realidad cuya comprensión es importante para los padres: a veces, cuando los niños están pasando un rato difícil, no podemos hacer nada para «arreglar» las cosas. Podemos mostrarnos tranquilos y afectuosos. Podemos estar totalmente presentes. Podemos dar la máxima medida de nuestra creatividad. Y aun así, quizá no seamos capaces de mejorar las cosas enseguida. A veces lo único que hemos de ofrecer es nuestra presencia mientras los niños van experimentando emociones. Cuando comunican con claridad que quieren estar solos, podemos respetar lo que creen necesitar para tranquilizarse.

Esto no significa que vayamos a dejar al niño llorando solo en su cuarto durante un período largo de tiempo. Y tampoco que no debamos seguir intentando distintas estrategias cuando el niño precise nuestra ayuda. En el caso anterior, Tina acabó mandando a su marido a la habitación de Ryan, y el cambio de dinámica ayudó al niño a calmarse un poco, de modo que más tarde la madre pudo hablar con él de lo sucedido. No obstante, durante unos minutos lo único que pudo decir Tina fue «Si me necesitas, estoy aquí», y luego lo dejó en la habitación, cerró la puerta con el signo antimamá y le permitió que capeara el temporal como quisiera, a su ritmo y a su modo.

Sucede igual en los conflictos entre hermanos. Lo ideal es ayudar a cada uno a volver a un buen estado de ánimo y luego trabajar con ellos, de forma individual y colectiva, y enseñarles buenas destrezas relacionales y de conversación. Pero a veces esto no es posible. El mero hecho de que uno de ellos esté emocionalmente desregulado puede impedir cualquier resolución pacífica, pues la reactividad triunfa sobre la receptividad. A veces lo mejor que puedes hacer es separarlos hasta que sea posible reunirlos de nuevo una vez que se hayan tranquilizado todos. Y si el destino cruel decreta que, cuando estalla el conflicto, estéis todos atrapados en un coche, quizá solo debas admitir explícitamente que las cosas no marchan bien y subir la música. Al hacer esto no estás rindiéndote, sino solo acusando recibo de que, en este momento, no podrás imponer ninguna disciplina efectiva. En un caso así puedes decir esto: «No es un buen momento para hablar del asunto. Estáis enfadados, yo estoy enfadado, así que escuchemos un poco de Fleetwood Mac.»

(Vale, quizá no sea la mejor elección para ganarte a tus hijos, pero supongo que captas la idea.)

Nosotros, Dan y Tina, somos cualificados psicoterapeutas de niños y adolescentes que escribimos libros sobre crianza de hijos y estilos parentales. La gente acude a nuestra consulta en busca de consejo sobre cómo afrontar los problemas cuando los niños se muestran díscolos. Y queremos dejar claro que para nosotros, igual que para ti, muchas veces no existe ninguna varita mágica que podamos agitar para transportar a los niños a la paz y la felicidad. En ocasiones, lo mejor que podemos hacer es comunicar nuestro amor, estar disponibles cuando ellos nos quieran cerca, y hablar de la situación en cuanto estén preparados para ello. Es lo que dice la Plegaria de la Serenidad: «Dios, concédeme serenidad para aceptar las cosas que no puedo cambiar, valor para cambiar aquellas que puedo, y sabiduría para reconocer la diferencia.»

Así pues, este es nuestro primer mensaje en la conclusión del libro: a veces no hay varita mágica. Haces lo que puedes, y el niño sigue alterado. Y no por esto vas a ser un mal padre.

SEGUNDO MENSAJE DE ESPERANZA: TUS HIJOS SE BENEFICIAN INCLUSO CUANDO TÚ LO ECHAS TODO A PERDER

Igual que no eres un mal padre por el hecho de que tus técnicas disciplinarias no siempre sean efectivas en el momento en cuestión, tampoco eres un mal padre si cometes errores de manera habitual. Eres humano.

Lo cierto es que nadie es perfecto, sobre todo cuando llega el momento de abordar la conducta de nuestros hijos. A veces nos desenvolvemos bien y nos sentimos orgullosos de lo cariñosos, comprensivos y pacientes que somos a pesar de todo. En otras ocasiones, bajamos al nivel de los niños y recurrimos a las puerilidades que tanto nos fastidian de entrada.

El segundo mensaje de esperanza es que cuando respondes

a los niños desde un lugar no demasiado idóneo, ánimo: lo más probable es que sigas procurándoles toda clase de experiencias valiosas.

Por ejemplo, acaso te hayas sentido tan frustrado con tus hijos que has llegado a gritar, mucho más fuerte de lo necesario: «¡Basta! ¡El próximo que se queje del sitio que ocupa en el coche va a ir andando!» O si tu hija de ocho años hace mohines y durante todo el camino a la escuela ha ido quejándose de que la hayas obligado a hacer los ejercicios de piano, quizá le has dedicado estas palabras sarcásticas y mordaces al bajarse de la furgoneta: «Espero que pases un gran día, ahora que ya has estropeado la mañana.»

Evidentemente, no son ejemplos de estilo parental óptimo. Y si te pareces a nosotros, quizá seas demasiado duro contigo mismo por las veces que no manejas las cosas como te gustaría.

Así pues, hay esperanza: estos momentos parentales poco lucidos no son necesariamente tan malos para los niños. De hecho, resultan valiosísimos.

¿Por qué? Porque nuestras respuestas parentales, humanas y desordenadas, procuran a los niños oportunidades para afrontar situaciones difíciles y, por tanto, desarrollar habilidades nuevas. Ellos tienen que aprender a controlarse, aunque su progenitor no esté controlándose precisamente de maravilla. Después te ven modelar el modo de pedir disculpas y hacer las cosas bien. Experimentan que, aunque en un momento determinado haya conflicto y discusión, luego puede haber arreglo y las cosas vuelven a funcionar. Esto les ayuda a sentirse seguros y a no tener miedo en relaciones futuras; aprenden a confiar en que, tras el conflicto, vendrán la calma y la conexión, incluso a darlo por sentado. Además, aprenden que sus acciones afectan a las emociones y el comportamiento de otras personas. Por último, ven que no eres perfecto, por lo que tampoco esperarán ser perfectos ellos. Se pueden aprender muchísimas lecciones importantes de la declaración fuerte e impulsiva de un padre que está devolviendo todos los regalos porque sus hijos se quejan de tener que ayudar a colocar los adornos de Navidad.

El abuso, sea físico o psicológico, es otra cosa, naturalmente. Si estás dañando la relación de manera apreciable o asustando a tu hijo, la experiencia puede provocar efectos considerablemente perniciosos. Se trata de rupturas tóxicas, que además no tienen arreglo. Si te encuentras una y otra vez en esta situación, debes buscar enseguida la ayuda de un profesional para llevar a cabo los cambios necesarios a fin de que tus hijos se sientan seguros y sepan que están protegidos.

Sin embargo, si cuidas la relación y después haces las paces con tu hijo (más adelante ahondaremos sobre esto), puedes mostrarte algo más benévolo contigo mismo y pensar que, aunque lamentes no haber hecho las cosas de otra forma, has proporcionado igualmente a tu hijo una experiencia valiosa: le has enseñado la importancia de la reparación y la reconexión.

Desde luego, no estamos diciendo que los padres deban romper adrede una conexión o que no deban aspirar a lo mejor cuando responden a sus hijos en una situación de mucho estrés (o en cualquier otra). Cuanto más afectuosos y atentos seamos, mejor. Estos momentos no precisamente ideales de interacciones no precisamente óptimas los vivimos todos, incluso quienes escribimos libros sobre el tema. Solo estamos diciendo que podemos concedernos gracia y perdón cuando no estamos actuando como nos gustaría porque incluso estas situaciones proporcionan momentos de valor. Es importante tener un objetivo, una intención en mente. Y ser amables con nosotros mismos, compasivos; es esencial no solo para crear un santuario interior, sino también para ofrecer a nuestros hijos un modelo que les permita ser amables consigo mismos y con los demás. Estas experiencias con nosotros brindan a los niños la oportunidad de aprender lecciones importantes que los prepararán para relaciones y conflictos futuros y hasta les enseñarán a amar. No está mal como esperanza.

TERCER MENSAJE DE ESPERANZA: SIEMPRE PUEDES RECONECTAR

Es inevitable experimentar conflictos con los niños. Se van a producir, incluso varias veces al día. Los malentendidos, las discusiones, los deseos encontrados y otras crisis de comunicación darán lugar a una ruptura. Las rupturas pueden derivar del conflicto por un límite que estés estableciendo. Quizá decidas imponer una hora de ir a la cama o impedir que tu hijo vea una película que, a tu juicio, no le conviene. O tal vez tu hija considera que tomas partido por su hermana en una pelea, o se siente descontenta porque no quieres volver a jugar a Serpientes y Escaleras.

Al margen de cuál sea la razón, las rupturas se producen. Unas veces son más graves, otras más leves. Pero no hay modo de evitarlas. Cada niño supone un reto único para el mantenimiento de la conexión sintonizada, que depende de nuestros propios problemas, de su temperamento, de la correspondencia entre nuestra historia y sus características, y de a quién nos recuerda el chico en nuestro pasado no afrontado.

En casi todas nuestras relaciones adultas, si nos equivocamos, al final reconocemos la culpa o abordamos la cuestión de algún modo, y a continuación reparamos el daño. Pero cuando se trata de la relación con su hijo, muchos padres simplemente pasan por alto la ruptura y no la afrontan, lo cual puede ser tan desconcertante y perjudicial para los niños como para los adultos. Imaginemos que alguien importante para ti se muestra reactivo y te habla con brusquedad, pero luego no vuelve a sacar el tema y finge que no ha pasado nada. No te sentaría nada bien, ¿verdad? Pues en el caso de los niños pasa lo mismo.

Entonces, la clave es reparar cualquier brecha en la relación lo antes posible. Has de restablecer una conexión colaborativa y enriquecedora con tu hijo. Las rupturas sin reparación dejan a los padres y al hijo con la sensación de estar desconectados. Y si esta desconexión se prolonga —sobre todo si está asociada a tu enojo, hostilidad o furia—, en el niño pueden crecer la humillación y la vergüenza tóxica, lo que dañará su incipiente sentido de sí mismo y su estado anímico respecto al funcionamiento de las relaciones. Por tanto, cuando se haya producido una ruptura, es fundamental que efectuemos una reconexión oportuna con nuestros hijos.

Hacerlo es responsabilidad nuestra, como padres. Quizá reconectemos concediendo perdón, o pidiéndolo («Lo siento. Creo que estaba solo reaccionando porque hoy estoy más cansado que de costumbre. Pero sé que no lo he hecho muy bien. Si quieres hablar de lo que te ha parecido esto, te escucharé»). Quizás aparezcan risas, o lágrimas («Bueno, no ha ido bien, ¿verdad? ¿Alguien quiere poner la cinta de lo furioso que me he puesto?»). Tal vez haya solo un reconocimiento rápido («No lo he manejado como me habría gustado. ¿Me perdonas?»). Que suceda como sea, pero que suceda. Si reparamos y reconectamos lo antes posible, y de una manera sincera y afectuosa, enviamos el mensaje de que la relación importa más que la causa del conflicto. Además, al reconectar con los niños, les estamos mostrando una destreza clave que les permitirá disfrutar de mejores relaciones a medida que vayan creciendo.

REPARAR UNA RUPTURA LO ANTES POSIBLE

Así pues, este es el tercer mensaje de esperanza: siempre podemos reconectar. Aunque no haya varita mágica, a la larga los niños acaban calmándose. Al final estarán preparados para percibir nuestras intenciones positivas y recibir de nosotros amor y consuelo. Cuando ellos hacen esto, nosotros reconectamos. Y aunque como padres metamos la pata una y otra vez porque somos humanos, siempre podemos acercarnos a los niños y enmendar el error.

Así pues, al final todo vuelve a la conexión. Sí, hemos de redirigir. Hemos de enseñar. Nuestros hijos necesitan nuestra ayuda para aprender a enfocar sus deseos de manera positiva; para identificar y afrontar los límites y restricciones; para descubrir qué significa ser humano y ser moral, ético, empático, amable y generoso. De modo que sí, la redirección es crucial. Pero, en última instancia, es la relación con tu hijo la que has de tener siempre en cuenta en primer lugar. *Deja en suspenso cualquier conducta concreta y da a la relación con tu hijo siempre la máxima prioridad.* Una vez que se ha roto la relación de algún modo, hay que reconectar lo antes posible.

CUARTO MENSAJE DE ESPERANZA: NUNCA ES DEMASIADO TARDE PARA REALIZAR UN CAMBIO POSITIVO

Nuestro mensaje final para ti es el más esperanzador de todos: para realizar un cambio positivo, nunca es demasiado tarde. Tras leer este libro, quizá sientas que hasta aquí tu enfoque disciplinario ha sido, al menos parcialmente, contrario a lo mejor para tus hijos. Quizá tengas la impresión de que con tu forma de imponer disciplina estás debilitando tu relación con ellos. O tal vez repares en que estás pasando por alto y desaprovechando oportunidades para construir las partes de su cerebro que les ayudarán a alcanzar un crecimiento óptimo. Acaso ahora veas que estás usando estrategias disciplinarias que simplemente no son efectivas, contribuyen a que en tu familia haya más drama y frustración, y en realidad te impiden disfrutar de tus hijos porque acabas enfrentándote una y otra vez a las mismas conductas.

Si pasa algo de esto, no desesperes. No es demasiado tarde. Como hemos dicho, la neuroplasticidad nos muestra que el cerebro es increíblemente cambiable y adaptativo a lo largo de la vida. Puedes cambiar la manera de imponer disciplina a cualquier edad... tuya o de tu hijo.

La Disciplina sin Lágrimas te enseña cómo: no ofreciendo una fórmula inamovible, ni proporcionando una varita mágica que resuelva todos los problemas y te convierta en un padre que no falla nunca. Si hay esperanza, es porque ahora dispones de los principios que pueden guiarte hacia la imposición de disciplina a tus hijos de manera satisfactoria. Ahora tienes acceso a estrategias que realmente modelan el cerebro de forma positiva, permiten a los niños ser emocionalmente inteligentes y tomar decisiones correctas, fortalecen tu relación con ellos y les ayudan a convertirse en la clase de personas que queremos que sean.

Si respondes a tus hijos con conexión —incluso y especialmente cuando hacen algo que no te gusta—, no te centras ante todo en el castigo y la obediencia, sino en el respeto tanto al hijo como a la relación. Así, la próxima vez que tu hijo pequeño tenga una rabieta, el de siete años pegue a su hermana o el de doce conteste mal, puedes responder con un estilo Sin Lágrimas, de Cerebro Pleno.

Puedes comenzar con conexión, para luego pasar a estrategias de redirección que enseñen a los niños percepción personal, empatía relacional y la importancia de asumir responsabilidades por el perjuicio ocasionado.

A lo largo del proceso, puedes ser más intencional sobre el modo de activar ciertos circuitos del cerebro de tus hijos. Las neuronas que se activan juntas permanecen conectadas. Los circuitos que se activan repetidamente se reforzarán y se desarrollarán más.

Por tanto, la pregunta es la siguiente: ¿qué parte del cerebro de los niños quieres fortalecer? Si impones disciplina con severidad, gritos, discusiones, castigo y rigidez, activarás la parte inferior, reactiva, lo que reforzará estos circuitos y los preparará para que se activen con facilidad. Si impones disciplina con conexión tranquila y afectuosa, activarás los circuitos reflexivos, receptivos, de regulación de la visión de la mente, lo que reforzará y desarrollará la sección cerebral superior para crear percepción, empatía, integración y reparación. *Ahora mismo, en este momento, puedes comprometerte a proporcionar a tus hijos estas valiosas herramientas. Puedes ayudarles a desarrollar esta capacidad para regularse a sí mismos, tomar buenas decisiones y desenvolverse bien, incluso en momentos delicados o cuando tú no estés cerca.*

No vas a ser perfecto, y no vas a imponer disciplina partiendo de una perspectiva Sin Lágrimas, de Cerebro Pleno, cada vez que se presente la oportunidad. Nosotros tampoco. Es normal: nadie lo hace.

Sin embargo, puedes decidir dar pasos en esta dirección. Y con cada paso estarás brindando a tus hijos el regalo de un padre cada vez más comprometido con su éxito y su felicidad durante toda la vida, y con el objetivo de que sean sanos, dichosos y alcancen la plenitud.

Recursos adicionales

NOTA PARA LA NEVERA SOBRE CONECTAR Y REDIRIGIR
Disciplina sin Lágrimas
de Daniel J. Siegel y Tina Payne Bryson

PRIMERO, CONECTAR

- **¿Por qué conectar primero?**
  - *Ventaja a corto plazo*: Lleva al niño desde la reactividad a la receptividad.
  - *Ventaja a largo plazo*: Construye el cerebro del niño.
  - *Ventaja relacional*: Intensifica la relación con tu hijo.

- **Principios de conexión Sin Lágrimas**
  - *Bajar la «música tiburón»*: Librarse del ruido de fondo provocado por experiencias pasadas y miedos futuros.
  - *Buscar el porqué*: En vez de centrarse solo en la conducta, ver qué hay *detrás de las acciones*: «¿Por qué mi hijo actúa así? ¿Qué está comunicando?»
  - *Pensar en el cómo*: Lo que dices es importante. Pero igual de importante, o más, es el *modo* de decirlo.

- **Ciclo de conexión Sin Lágrimas: ayuda a tu hijo a sentirse sentido**
  - *Transmitir consuelo*: Si te colocas por debajo del nivel de los ojos del niño, lo tocas ligeramente, asientes con la cabeza o le diriges una mirada empática, a menudo desactivas enseguida una situación tensa.
  - *Validar*: Aunque no te guste el comportamiento, reconoce e incluso acepta los sentimientos que lo hayan suscitado.
  - *Habla menos y escucha*: Si las emociones de tu hijo están disparadas, no expliques, sermonees ni intentes desviar su atención de los sentimientos. Limítate a escuchar, buscando el significado y las emociones que el niño está comunicando.
  - *Refleja lo que oyes*: Tan pronto como hayas escuchado, refleja lo que has oído, que los niños sepan que les has prestado atención. Esto permite de nuevo transmitir consuelo, y el ciclo se repite.

LUEGO, REDIRIGIR

- **Disciplina 1-2-3, el camino Sin Lágrimas**
  - Una definición: La disciplina es enseñanza. Formula las tres preguntas:
    1. ¿Por qué mi hijo se comporta así? (¿Qué está pasando internamente/emocionalmente?)
    2. ¿Qué lección quiero impartir?
    3. ¿Cuál es la mejor forma de impartirla?
  - Dos principios:
    1. Espera a que tu hijo esté listo (y a estarlo también tú).
    2. Sé coherente, pero no rígido.
  - Tres resultados de visión de la mente:
    1. *Percepción*: Ayuda a los niños a entender sus sentimientos y sus respuestas ante situaciones difíciles.
    2. *Empatía*: Contribuye a que los niños ejerciten la reflexión sobre el modo en que sus acciones tienen impacto en los demás.
    3. *Reparación*: Pregunta a los niños qué pueden hacer para arreglar las cosas.

- **Estrategias de redirección Sin Lágrimas**
  - Reducir palabras.
  - Aceptar emociones.
  - Describir, no predicar.
  - Implicar a tu hijo en la disciplina.
  - Reformular un «no» en un «sí» con condiciones.
  - Subrayar lo positivo.
  - Enfocar la situación de manera creativa.
  - Enseñar herramientas de visión de la mente.

Cuando un experto en estilos parentales pierde los estribos

No eres el único

El hecho de que escribamos libros sobre métodos parentales y disciplina no significa que nunca nos equivoquemos con nuestros hijos. He aquí dos historias —una de cada uno— que, aunque bastante divertidas en retrospectiva, ponen de manifiesto que el cerebro reactivo puede apoderarse de cualquiera.

MOMENTO «CREPES DE LA IRA» DE DAN
(ADAPTADO DEL LIBRO DE DAN *MINDSIGHT: LA NUEVA CIENCIA DE LA TRANSFORMACIÓN PERSONAL*)

Un día, mi hijo de trece años, mi hija de nueve y yo paramos en una pequeña tienda para tomar un tentempié al salir del cine. La niña dijo que no tenía hambre, así que el chico pidió una crepe pequeña para él en el mostrador y nos sentamos. Llegó la tortita, con aromas que venían flotando desde la cocina abierta situada tras el mostrador donde mi hijo había hecho su pedido. Después de que él tomara el primer trozo de crepe, mi hija preguntó si podía probar un poco. El chico miró la pequeña crepe y dijo que tenía hambre y que podía pedir una para ella. Era una sugerencia razonable, pensé yo, por lo que me ofrecí a pedirle una... pero ella dijo que solo quería un trocito para ver qué tal sabía. Esto también parecía razonable, por lo que propuse a mi hijo que le diera un pedazo a su hermana.

Si tienes más de un niño en casa, o si has crecido con algún hermano, estarás familiarizado con el ajedrez de los hermanos, un omnipresente enfrentamiento estratégico compuesto de movimientos pensados para reafirmar el poder y lograr el reconocimiento y la aprobación parental. Sin embargo, aun no tratándose de un juego de reafirmación así, habría valido la pena comprar otra tortita en esa pequeña crepería familiar para evitar lo que quizá ya intuía que estaba a punto de pasar. En vez de hacer el pedido, cometí un garrafal error parental y tomé partido en el juego. Si antes no era una partida de ajedrez de hermanos, sin duda acabó siéndolo en cuanto yo intervine.

«¿Por qué no le das un trocito para que lo pruebe?», dije en tono perentorio.

El chico me miró, luego miró la crepe, y con un suspiro cedió. Aunque era un joven adolescente, todavía me escuchaba. Después, con el cuchillo a modo de bisturí, extrajo el pedacito de crepe más pequeño que cupiera imaginar, que casi había que coger con pinzas. En otras circunstancias, yo quizá me habría reído y habría considerado esto como un movimiento creativo del juego.

La niña cogió la muestra, la colocó en su servilleta y dijo que aquello era demasiado pequeño. Y que además era la «parte quemada». Otro gran movimiento de la hermana pequeña.

Algún observador ocasional que estuviera viéndonos en la mesa no habría advertido nada fuera de lo normal: un papá y sus dos animados hijos que han salido a comer algo. Pero, por dentro, yo estaba a punto de estallar. Como la broma prosiguió y se convirtió en una auténtica discusión, en mi interior cambió algo. La cabeza empezó a darme vueltas, pero me dije que debía permanecer tranquilo y atender a razones. Notaba el rostro tenso, los puños apretados y que el corazón me latía más deprisa, pero pasé por alto estas señales de que el cerebro inferior estaba secuestrando al superior. Yo ya no podía más.

Abrumado por la ridiculez de toda la situación, me puse en pie, cogí a la niña de la mano y salimos a la acera, frente a la tienda, a esperar a que mi hijo se acabara la crepe. Al cabo de unos minutos, apareció y preguntó por qué habíamos salido. Mientras me dirigía al coche, furioso, mi hija a la zaga y el chico apresurándose para mantener el paso, les dije que debían aprender a compartir la comida. Él señaló con toda naturalidad que le había dado un trozo, pero para entonces yo estaba histérico y ya no era posible calmar las aguas. Llegamos al coche y, enardecido, encendí el motor para poner rumbo a casa. Ellos habían sido hermanos normales a la hora de ir al cine y tomar un refrigerio. Yo, un padre que había perdido la chaveta.

No podía dejarlo correr. A mi lado, en el asiento del acompañante, mi hijo me lo refutaba todo con respuestas racionales, mesuradas, como habría hecho cualquier adolescente. De hecho, parecía experto en mantenerse tranquilo mientras lidiaba con su irracional padre.

En este estado, me mostré cada vez más airado, y al final recurrí a maldecir, insultarle e incluso amenazarle con requisarle su querida guitarra, todo ello reacciones inadecuadas por cosas que él no había hecho.

No me enorgullece contar todo esto. Pero Tina y yo creemos que, como estos episodios explosivos son bastante habituales, es fundamental que admitamos su existencia y nos ayudemos mutuamente a entender que la visión de la mente puede reducir su impacto negativo en nuestras relaciones y nuestro mundo. Avergonzados, solemos pasar por alto que se ha producido una mala interacción. Sin embargo, si reconocemos la verdad de lo sucedido, podemos no solo empezar a reparar el daño —que puede ser totalmente tóxico tanto para nosotros como para los demás—, sino también disminuir la intensidad y la frecuencia de estos episodios.

Así pues, al llegar a casa comprendí que debía calmarme y conectar con mi hijo. Sabía que la reparación era clave, pero mis signos vitales estaban por las nubes, por lo que, antes de hacer nada, debía equilibrarlos. Como sabía que estar al aire libre y hacer ejercicio me ayudaría a cambiar el estado de ánimo, fui a patinar con mi hija, y en ese rato ella me ayudó a recuperar la visión de la mente. Alcancé más percepción personal (al reconocer que había reaccionado ante mi hijo de aquella manera al menos en parte porque estaba identificándolo inconscientemente con mi propio hermano mayor) y más empatía hacia el modo en que el muchacho había experimentado nuestro encontronazo.

Cuando por fin me calmé tras hablar, patinar y reflexionar, fui a la habitación del chico y le propuse hablar. Le dije que, a mi juicio, yo había perdido los estribos y que sería útil para ambos discutir lo sucedido. Él me dijo que, en su opinión, yo protegía demasiado a su hermana. El chico tenía toda la razón. Aunque del bochorno de haberme vuelto irracional surgió un impulso de hablar para defenderme y justificar mis reacciones, me quedé callado. Mi hijo pasó a decirme que «disgustarme» era algo totalmente innecesario porque en realidad él no había hecho nada malo. Estaba en lo cierto. De nuevo experimenté el impulso defensivo de sermonearle sobre la idea de compartir. No obstante, me recordé a mí mismo que debía permanecer reflexivo y centrado en la experiencia de mi hijo, no en la mía. Aquí la postura esencial no era juzgar quién tenía razón, sino aceptarle y mostrarme receptivo ante él. Como es lógico, todo esto requería una visión de la mente, desde luego. Menos mal que mi región prefrontal volvía a funcionar.

Después de escucharle, reconocí que, en efecto, me había puesto (injustificadamente) de parte de su hermana, que percibía lo injusto que esto le parecía a él y que mi estallido parecía algo irracional, porque de hecho lo era. A modo de explicación —no de excusa—, le hice saber lo que había pasado en mi cabeza —que lo había visto como un reflejo de mi propio hermano— para que ambos pudiéramos encontrarle algún sentido al enfrentamiento. Aunque seguramente para su mentalidad adolescente yo parecía inoportuno y torpe, seguro que no le pasó inadvertido mi profundo compromiso con nuestra relación y que mi esfuerzo por arreglar el daño causado era sincero. Mi visión de la mente había regresado, nuestras dos mentes conectaban de nuevo, y la relación volvía a estar encarrilada.

TINA AMENAZA CON UNA AMPUTACIÓN

Cuando mi hijo mayor tenía tres años, un día me golpeó. Yo, madre joven e idealista, en ese momento creí que mi mejor alternativa era mantener una conversación racional con un niño de tres años y que, por arte de magia, él vería las cosas según mi punto de vista. Así pues, lo conduje al último peldaño de la escalera, me senté a su lado y sonreí. Y dije tiernamente (e ingenuamente): «Las manos son para ayudar y amar, no para hacer daño.»

Tras soltarle este tópico, él volvió a pegarme.

Así que probé con el enfoque empático. Todavía ingenua, con la voz sonando quizás algo menos afectuosa, dije: «¡Ay! Esto duele. No me hagas daño.»

En ese momento me golpeó de nuevo.

Entonces intenté un enfoque más firme: «Pegar no está bien. Nosotros no pegamos. Si estás enfadado, es mejor que me lo cuentes.»

Ajá, lo has adivinado. Me pegó otra vez.

Estaba perdida. Sentí la necesidad de subir la apuesta inicial, pero no sabía cómo. Utilicé mi voz más potente para decir: «Pues ahora te quedas castigado aquí en las escaleras.» (El término científico para esta estrategia parental es «actuar movido por el instinto y la improvisación». No es precisamente lo que podría llamarse una metodología intencional.)

Lo hice subir a la parte superior de las escaleras. Él seguramente pensaba: «¡Guay! Nunca hemos hecho esto antes... A ver qué pasa ahora si le sigo pegando.»

En lo alto de las escaleras, me doblé por la cintura y, agitando el dedo, dije: «*¡No más golpes!*»

No me pegó más.

Me dio una patada en la espinilla.

(Como suele señalar ahora cuando rememoramos la historia, él obedeció técnicamente mis instrucciones de no golpear.)

A estas alturas, yo había perdido prácticamente todo autocontrol y tampoco se me ocurría ya ninguna opción viable. Lo agarré del brazo y lo arrastré a mi habitación chillando: «¡Ahora te quedarás castigado en el cuarto de papá y mamá!»

Tampoco aquí tenía yo estrategia, plan ni enfoque. Por tanto, mi hijo siguió agravando la situación mientras su cada vez más irritada madre tiraba de él de un lado a otro de la casa.

Llegados a este punto, yo estaba sucesivamente engatusando, regañando, dando órdenes, reaccionando y razonando (hablando muchíiiisimo): «No hagas daño a mamá. En nuestra familia no pegamos ni damos patadas... bla bla bla...»

Y entonces él cometió su error más grave. Me sacó la lengua.

En respuesta, mi cerebro superior, racional, empático, responsable, solucionador de problemas, fue secuestrado por mi primitivo y reactivo cerebro inferior, y chillé: «*¡Si vuelves a sacarme la lengua, te la arrancaré de la boca!*»

Por si te lo estás preguntando, ni Dan ni yo recomendamos, bajo ninguna circunstancia, amenazar con extirpar parte alguna del cuerpo del niño. No fue un buen momento parental.

Y tampoco fue una disciplina efectiva. Mi hijo se dejó caer al suelo y empezó a berrear. Yo lo había asustado, y él no paraba de decir: «¡Eres una mami mala!» El niño no pensaba ni mucho menos en su conducta: estaba exclusivamente centrado en *mi* mal comportamiento.

Mi siguiente paso fue quizá lo único que hice bien en el conjunto de la interacción, algo esencial cada vez que experimentamos esta clase de rupturas en la relación con nuestros hijos: reparé el daño con él. Enseguida comprendí lo fatal de mi actuación en aquel momento reactivo, airado. Si alguna otra persona hubiera tratado a mi hijo así, me habría subido por las paredes. Me arrodillé, me puse a su lado en el suelo, lo abracé y le dije que lo lamentaba. Le dejé hablar sobre lo poco que le gustaba lo que acababa de pasar. Repasamos la historia para que tuviera sentido para él y eso lo consolara.

Por lo general, me río con ganas cuando cuento este episodio porque los padres se identifican mucho con este tipo de situación, y creo que les gusta saber que un experto en estilo parental también puede perder los estribos. Como explico al público, hemos de ser pacientes, comprensivos e indulgentes, pero no solo con nuestros hijos, sino también con nosotros mismos. (La gente siempre me pregunta qué haría diferente ahora. Véase el capítulo 6, donde analizamos el modo de abordar la mala conducta de un niño pequeño en cuatro pasos..., ¡con ilustraciones!)

Aunque resulta un poco embarazoso contar estas anécdotas, las presentamos como prueba (cómica, sí) de que todos somos potencialmente propensos a tales des-integraciones cuando perdemos el control y nos desenvolvemos mal. De todos modos, estos episodios no deberían ser habituales. Si ves que pierdes la paciencia a menudo, te aconsejamos que busques ayuda profesional para llegar a comprender tus propias heridas o necesidades emocionales, que acaso estén contribuyendo al uso frecuente de métodos reactivos en tu relación con los niños. Pero si de vez en cuando tomas el camino equivocado, como nos pasa a casi todos, esto forma parte de la labor parental. La clave radica en identificar estos momentos, ponerles punto final lo antes posible para minimizar el daño que puedan provocar, y luego efectuar las reparaciones. Hemos de recuperar lo verdaderamente perdido —la visión de la mente— y a continuación usar la percepción y la empatía para reconectar con nosotros mismos y arreglar los daños con aquellos de quienes tanto nos preocupamos.

Nota para nuestros cuidadores de niños

Nuestro enfoque disciplinar en pocas palabras

Tú eres una persona importante en la vida de nuestro hijo o hijos. Estás ayudando a determinar quiénes llegarán a ser al moldear su corazón, su carácter, ¡e incluso sus estructuras cerebrales! Como compartimos el privilegio y la responsabilidad increíbles de enseñarles a tomar buenas decisiones y a ser seres humanos amables, de éxito, queremos también compartir contigo el modo de gestionar desafíos relacionados con su conducta, con la esperanza de que podamos trabajar conjuntamente para dar a los niños una experiencia efectiva y coherente en lo relativo a imponer disciplina.

He aquí los seis principios básicos que nos guían:

1. *La disciplina es esencial.* A nuestro entender, querer a los hijos y proporcionarles lo que necesitan incluye establecer límites claros y coherentes y mantener en ellos expectativas elevadas, todo lo cual les ayudará a alcanzar el éxito en las relaciones y otras áreas de su vida.
2. *La disciplina efectiva depende de una relación afectuosa y respetuosa entre el adulto y el niño.* La disciplina no debe incluir nunca amenazas ni humillaciones, provocar daño físico, asustar ni hacer que los niños sientan que el adulto es un enemigo. La disciplina ha de transmitir sensación de seguridad y cariño a todos los implicados.

3. *El objetivo de la disciplina es enseñar.* Utilizamos momentos disciplinarios para crear destrezas con las que los niños puedan desenvolverse mejor ahora y tomar mejores decisiones en el futuro. Por lo general, para enseñar hay sistemas mejores que aplicar correctivos inmediatos. En vez de castigar, alentamos la cooperación en los niños, ayudándoles a pensar en sus acciones y siendo creativos y juguetones. Fijamos límites mediante una conversación que ayude a desarrollar conciencia y destrezas que desemboquen en una mejor conducta tanto hoy como mañana.

4. *El primer paso de la disciplina es prestar atención a las emociones de los niños.* Cuando los niños se portan mal, suele deberse a que no manejan bien sus sentimientos fuertes y a que aún no cuentan con las destrezas necesarias para tomar buenas decisiones. Así pues, estar atento a la experiencia emocional *que subyace a una conducta* es tan importante como fijarse en la conducta misma. De hecho, muchos estudios demuestran que abordar las necesidades emocionales de los niños es el enfoque más eficaz para cambiar su conducta con el tiempo, así como para desarrollar su cerebro de una manera que les permita desenvolverse mejor a medida que vayan creciendo.

5. *Cuando los niños están alterados o tienen una pataleta, es cuando más nos necesitan.* Hemos de hacerles ver que estamos a su lado y que seguiremos apoyándolos aun en el peor de los berrinches. Así creamos confianza y una sensación de seguridad general.

6. *A veces necesitamos aguardar a que los niños estén listos para aprender.* Si los niños se encuentran alterados o descontrolados, es el peor momento para intentar enseñarles nada. De hecho, estas emociones intensas evidencian que nos necesitan. Nuestra primera tarea es ayudarles a tranquilizarse para que recuperen el control y sepan dominarse.

7. *Si queremos ayudarles a estar preparados para aprender,*

hay que conectar con ellos. Antes de redirigir su conducta, hay que conectar y consolar. Si los calmamos cuando se hacen alguna herida física, también hemos de ayudarles cuando están emocionalmente trastornados. Y lo haremos validando sus sentimientos y dándoles muchísima empatía enriquecedora. Antes de enseñar, hemos de conectar.

8. *Después de conectar, redirigimos.* En cuanto hayan sentido esta conexión con nosotros, los niños estarán más preparados para aprender, por lo que podremos redirigirlos con eficacia y hablar con ellos acerca de su conducta. ¿Qué esperamos conseguir cuando redirigimos y fijamos límites? Queremos que los niños adquieran percepción de sí mismos, empatía hacia los demás y capacidad para solventar las cosas tras haber cometido un error.

Para nosotros, imponer disciplina se reduce a una simple frase: *conectar y redirigir.* Nuestra primera respuesta debe ser siempre ofrecer conexión tranquilizadora; a continuación podemos redirigir conductas. *Incluso cuando decimos «no» al comportamiento de los niños, siempre hemos de decir «sí» a sus emociones y a su manera de experimentar las cosas.*

Veinte errores de disciplina

Que cometen incluso los padres fantásticos

Como *siempre* estamos educando a nuestros hijos, cuesta bastante examinar nuestras estrategias disciplinarias de manera objetiva. Las buenas intenciones pueden ser rápidamente sustituidas por hábitos poco efectivos, lo que nos lleva a actuar a ciegas y a imponer disciplina mediante métodos que quizá no saquen lo mejor de nosotros... ni de nuestros hijos. He aquí algunos errores disciplinarios que cometen incluso los padres mejor intencionados e informados. Estos errores afloran cuando perdemos de vista los objetivos Sin Lágrimas, de Cerebro Pleno. Tenerlos presentes puede ayudarnos a evitar esos errores o a retroceder cuando hemos tomado el camino equivocado.

1. NUESTRA DISCIPLINA SE BASA EN EL CASTIGO Y NO EN LA ENSEÑANZA

El propósito de la disciplina no es asegurarnos de que cada infracción tenga su correspondiente castigo. El objetivo real es enseñar a los niños a vivir bien en el mundo. Sin embargo, muchas veces imponemos disciplina con el piloto automático y nos centramos tanto en los correctivos que estos acaban siendo la meta final, el principal centro de atención. De modo que, cuando impongas disciplina, pregúntate cuál es tu verdadera finalidad. Y luego busca una forma creativa de impartir esta lección. Seguramente encontrarás una mejor manera de enseñarla sin aplicar castigos en absoluto.

2. CREEMOS QUE SI ESTAMOS IMPONIENDO DISCIPLINA, NO PODEMOS SER AFECTUOSOS Y ACOGEDORES

Mientras impones disciplina a tu hijo, puedes estar perfectamente tranquilo, además de mostrarte cálido y cariñoso. De hecho, es importante combinar límites claros y coherentes con empatía afectuosa. No subestimes el poder de un tono amable de voz cuando mantienes con tu hijo una conversación sobre la conducta que quieres cambiar. En última instancia, deseas mostrarte firme y consecuente en tu labor disciplinaria mientras sigues interaccionando con el niño de una manera que transmita calidez, amor, respeto y compasión. Estos dos aspectos de la acción parental pueden y deben coexistir.

3. CONFUNDIMOS COHERENCIA CON RIGIDEZ

«Coherencia» significa trabajar a partir de una filosofía fiable y congruente para que los niños sepan qué esperamos de ellos. Esto no significa mantener una inquebrantable devoción a algún conjunto arbitrario de reglas. Así, a veces puedes hacer excepciones a las reglas, hacer la vista gorda ante alguna infracción menor o ser más permisivo.

4. HABLAMOS DEMASIADO

Cuando los niños se muestran reactivos y tienen dificultades para escuchar, a menudo es preferible estar callados. Hablar y hablar a nuestros hijos mientras están alterados suele ser contraproducente, pues estamos proporcionándoles mucho input sensorial que puede desregularlos más todavía. En vez de ello, es mejor utilizar más comunicación no verbal. Abrázalos. Masajéales la espalda. Sonríe u ofrece expresiones faciales empáticas. Asiente. Después, cuando empiecen a calmarse y estén preparados para escuchar, puedes redirigir introduciendo las palabras y abordando el problema en un nivel más verbal, más lógico.

5. NOS CENTRAMOS DEMASIADO EN LA CONDUCTA Y NO LO SUFICIENTE EN EL PORQUÉ QUE SUBYACE A LA MISMA

Cualquier médico sabe que un síntoma es solo una señal de algo de lo que hemos de ocuparnos. Por lo general, en los niños la mala conducta es un síntoma de algo más. Y si no conectamos con los sentimientos de los niños y las experiencias subjetivas causantes de dicha conducta, esta seguirá produciéndose. La próxima vez que tu hijo se porte mal, ponte la gorra de Sherlock Holmes e inspecciona su proceder para ver qué sentimientos —curiosidad, cólera, frustración, cansancio, etcétera— pueden estar provocándolo.

6. NOS OLVIDAMOS DE CENTRARNOS EN CÓMO DECIMOS LO QUE DECIMOS

Lo que decimos a los niños importa. Naturalmente. Pero *cómo* lo decimos es igual de importante. Aunque no resulta fácil, hemos de proponernos ser amables y respetuosos cada vez que nos comuniquemos con nuestros hijos. Es muy posible que no siempre demos en el clavo, pero este debe ser el objetivo.

7. TRANSMITIMOS QUE LOS NIÑOS NO DEBEN EXPERIMENTAR SENTIMIENTOS FUERTES O NEGATIVOS

Pongamos que tu hijo reacciona con intensidad ante algo que no le es favorable: ¿has desactivado alguna vez esta reacción? Aunque no lo pretendan, los padres suelen enviar el mensaje de que solo quieren estar con sus hijos si estos están contentos, no cuando expresan emociones negativas. Quizá digamos cosas como: «Cuando estés listo para ser bueno, puedes reintegrarte a la familia.» En vez de ello, hemos de comunicar que estaremos con ellos aun en la peor de las rabietas. Incluso cuando decimos «no» a ciertas conductas o al modo de manifestar determinados sentimientos, hemos de decir «sí» a sus emociones.

8. EXAGERAMOS, POR LO QUE LOS NIÑOS SE CENTRAN EN NUESTRA EXAGERACIÓN, NO EN SUS ACCIONES

Cuando nos extralimitamos con nuestra disciplina —si somos punitivos o demasiado duros, o cuando reaccionamos con demasiada intensidad—, los niños dejan de fijarse en su conducta y pasan a centrarse en lo malos e injustos que nos consideran. Así pues, procura no hacer una montaña de un grano de arena. Aborda la conducta y saca a tu hijo de la situación si hace falta, y luego concédete tiempo para calmarte antes de decir demasiado, para así estar tranquilo y reflexivo al responder. A continuación puedes centrarte más en las acciones de tu hijo que en las tuyas.

9. NO REPARAMOS

Es imposible evitar el conflicto con los niños. Y es imposible desenvolvernos siempre al máximo nivel. A veces somos inmaduros, reactivos y crueles. Lo más importante es que abordemos nuestra propia mala conducta y reparemos la brecha en la relación lo antes posible, muy probablemente ofreciendo y pidiendo perdón. Al reparar lo antes posible de una forma sincera y afectuosa enseñamos a los niños una destreza crucial que les permitirá disfrutar de relaciones más positivas a medida que vayan creciendo.

10. DAMOS ÓRDENES EN UN MOMENTO EMOCIONAL, REACTIVO, Y LUEGO NOS DAMOS CUENTA DE QUE HEMOS EXAGERADO

A veces, nuestras declaraciones pueden ser «de talla grande»: «¡Este verano no irás a nadar más!» En estos instantes, concédete permiso para rectificar la situación. Como es lógico, si no sigues adelante perderás credibilidad. Pero puedes ser coherente y salir a la vez del apuro. Por ejemplo, puedes ofrecer la carta «de otra oportunidad» diciendo: «No me ha gustado tu comportamiento, pero voy a dejar que intentes de nuevo hacer las cosas bien.» También puedes admitir tu reacción excesiva: «Me he precipitado, no he analizado bien las cosas. Me lo he pensado mejor y he cambiado de opinión.»

11. OLVIDAMOS QUE NUESTROS HIJOS A VECES QUIZÁ NECESITAN NUESTRA AYUDA PARA TOMAR DECISIONES ACERTADAS O TRANQUILIZARSE

Cuando los niños comienzan a descontrolarse, la tentación es decir que «paren de una vez». Pero a veces, sobre todo si son pequeños, no son *capaces* de calmarse enseguida. Esto significa que acaso necesitemos intervenir y ayudarles a tomar buenas decisiones. El primer paso es conectar con el niño —tanto con palabras como con comunicación no verbal— a fin de que entienda que eres consciente de su descontento. Solo tras esta conexión estará preparado para que lo redirijas hacia las decisiones mejores. Recuerda que, a menudo, antes de responder al mal comportamiento hemos de esperar. Cuando los niños están descontrolados, no es el mejor momento para hacer cumplir una regla con rigidez. En cualquier caso, si están más tranquilos y receptivos, serán más capaces de aprender la lección.

12. CUANDO IMPONEMOS DISCIPLINA, TENEMOS EN CUENTA AL PÚBLICO

La mayoría de la gente se preocupa demasiado por lo que piensan los demás, sobre todo si se trata del modo de criar a los hijos. Sin embargo, para tus hijos no es justo imponerles disciplina de otra manera por el hecho de que alguien esté mirando. Delante de parientes, por ejemplo, acaso sientas la tentación de mostrarte más severo o reactivo al creer que estás siendo juzgado como padre. Es mejor superar esta tentación. Lleva a tu hijo aparte y habla tranquilamente con él, sin que nadie más escuche. Esto no solo te quitará la preocupación de cómo te valorarán los demás presentes, sino que también te ayudará a centrarte más en el niño y a sintonizar mejor con su conducta y sus necesidades.

13. QUEDAMOS ATRAPADOS EN LUCHAS POR EL PODER

Si los niños se sienten en un apuro, por instinto se defienden o se desactivan. Así que evitemos los acorralamientos. Piensa en ofrecer a tu hijo una salida: «¿Tomamos primero un refresco y recogemos los juguetes luego?» También puedes negociar: «A ver si encontramos la manera de que los dos consigamos lo que necesitamos.» (Como es natural, hay cosas innegociables, pero la negociación no es un signo de debilidad, sino de respeto por tu hijo y sus deseos.) Puedes incluso pedirle ayuda: «¿Se te ocurre algo?» Quizá te sorprenda descubrir lo mucho que está dispuesto a ceder tu hijo para encontrar una resolución pacífica al enfrentamiento.

14. Imponemos disciplina en respuesta a nuestros hábitos y sentimientos en vez de responder al niño individual en un momento determinado

A veces arremetemos contra un niño porque estamos cansados, o porque es lo que hicieron nuestros padres, o porque estamos hartos de su hermano, que lleva toda la mañana dando guerra. No es justo, pero sí comprensible. Lo conveniente es reflexionar sobre nuestra conducta, estar en este momento realmente con los niños, y responder solo a lo que está pasando ahora mismo. Es una de las tareas más difíciles de la educación de los hijos, pero cuanto más lo hagamos así, más afectuosa será nuestra manera de responder.

15. Si regañamos a los niños delante de otros, los avergonzamos

Cuando tengas que imponer disciplina a tu hijo en público, piensa en sus sentimientos. (¡Imagínate cómo te sentirías si tu pareja te gritara o te recriminara algo delante de otras personas!) Si es posible, sal de la habitación o simplemente atráelo hacia ti y susúrrale. No siempre es fácil, pero si puedes, muestra a tu hijo el respeto de no añadir humillación a lo que debas hacer para abordar su mala conducta. Después de todo, la vergüenza solo lo distraerá de la lección que pretendes enseñarle, y probablemente no escuchará nada de lo que vayas a decirle.

16. DAMOS POR SUPUESTO LO PEOR ANTES DE DEJAR QUE LOS NIÑOS SE EXPLIQUEN

A veces una situación parece mala y efectivamente lo es. Pero también suele pasar que las cosas no son tan malas como parecen. Antes de castigar con dureza, escucha al niño. Quizá tenga una buena explicación. Es realmente frustrante creer que tus acciones obedecen a razones lógicas y que la otra persona te diga: «Me da igual. No quiero oírlo. No hay motivo ni excusa.» Evidentemente, no puedes ser ingenuo; los padres no deben abandonar en ningún momento el espíritu crítico. Pero antes de condenar a un niño por lo que parece obvio a primera vista, averigua qué tiene que decir. Y luego decide la mejor forma de responder.

17. RECHAZAMOS LA EXPERIENCIA DE NUESTROS HIJOS

Si un niño reacciona con fuerza ante una situación, sobre todo cuando la reacción parece injustificada o incluso ridícula, la tentación es decir algo como «Solo estás cansado», «Deja de quejarte», «No hay para tanto» o «¿Y lloras por esto?». Pero esta clase de declaraciones menosprecian la experiencia del chico. ¡Imagínate a alguien diciéndote alguna de estas frases si estás disgustado! Desde el punto de vista emocional, es mucho más sensible y efectivo escuchar, establecer lazos de empatía y comprender realmente la experiencia del niño antes de responder. Aunque te parezca ridículo, no olvides que tu hijo lo vive como algo muy real, así que no rechaces algo que para él es importante.

18. ESPERAMOS DEMASIADO

La mayoría de los padres dirán que ya saben que sus hijos no son perfectos, pero también esperan que se porten siempre bien. Además, a menudo esperan demasiado de los hijos cuando se trata de manejar emociones y tomar decisiones correctas, mucho más de lo razonable desde el punto de vista del desarrollo. Esto ocurre sobre todo en el caso del primogénito. El otro error relacionado con esperar demasiado es la presunción de que, como el niño es capaz de desenvolverse bien a veces, puede hacerlo siempre. No obstante, sobre todo cuando los niños son pequeños, su capacidad para tomar buenas decisiones fluctúa mucho. El mero hecho de que hayan afrontado bien las cosas una vez no significa que puedan hacerlo en todas las ocasiones.

19. DEJAMOS QUE LOS «EXPERTOS» SUPLANTEN A NUESTRA INTUICIÓN

Por «expertos» nos referimos a ciertos autores y otros gurús, así como a amigos y familiares. Es importante no imponer disciplina a los niños basándonos en la opinión de otra persona. Llena tu caja de herramientas disciplinarias con información procedente de muchos expertos (y no expertos), y luego atiende a tu intuición al tiempo que seleccionas y escoges distintos aspectos de diferentes enfoques que parecen ser más aplicables a la situación de tu familia y tu hijo individual.

20. SOMOS DEMASIADO SEVEROS CON NOSOTROS MISMOS

Hemos observado que los padres más afectuosos y diligentes suelen ser también demasiado severos consigo mismos. Quieren disciplinar bien cada vez que sus hijos la líen. Pero esto no es posible. Así que concédete un descanso. Ama a tus hijos, establece límites claros, imponles disciplina con afecto, y compénsales cuando te equivoques tú. Esta clase de disciplina es buena para todos los implicados.

Agradecimientos

Estamos muy agradecidos a todas las personas que han ayudado a dar forma a este libro que tanto nos apasiona. Nuestros profesores, colegas, amigos, alumnos y parientes han contribuido de manera significativa a nuestra manera de concebir estas ideas y comunicarlas. Damos especialmente las gracias a Michael Thompson, Natalie Thompson, Janel Umfress, Darrell Walters, Roger Thompson, Gina Osher, Stephanie Hamilton, Rick Kidd, Andre van Rooyen, Lara Love, Gina Griswold, Deborah Buckwalter, Galen Buckwalter, Jay Bryson y Liz Olson por su opinión sobre el libro. También a nuestros mentores y colegas, a los estudiantes del Instituto Mindsight y de nuestros diversos seminarios, y a los grupos de padres, por sus preguntas, que nos han impulsado a buscar y aprender más, y por sus comentarios sobre muchas de las ideas que constituyen los fundamentos del enfoque parental Sin Lágrimas, de Cerebro Pleno. Hay tantas personas que enriquecen nuestra vida y nuestro trabajo que no es posible darles las gracias a todas una por una, pero esperamos que sepan lo mucho que significan para nosotros.

Queremos dar las gracias a nuestro amigo y agente literario Doug Abrams, que aportó al proceso no solo un caudal de conocimientos de escritura, sino también pasión y compromiso con el fortalecimiento de las familias y el estímulo a los niños sanos y felices. Tiene todo nuestro respeto como agente y por su carácter humanitario. También reconocemos agradecidos los esfuerzos y el entusiasmo de nuestra editora, Marnie Cochran, que no solo dio atinados consejos a lo largo del proceso de publicación, sino que también mostró muchísima paciencia mientras nos esforzábamos por encontrar la manera adecuada de expresar las ideas que tan importantes eran para nosotros. Y a nuestra fabulosa ilustradora, Merrilee Liddiard, le damos mil gracias por poner su talento y su creatividad al servicio del proyecto y contribuir a dar a las palabras del libro, tan propias del cerebro izquierdo, una vida visual y gráfica del cerebro derecho.

Además, manifestamos nuestro agradecimiento a todos los padres y pacientes cuyos casos y experiencias nos han ayudado a poner ejemplos que dan brillantez y sentido práctico a las ideas y teorías que enseñamos. Como es lógico, hemos cambiado nombres y detalles, pero damos las gracias por la potencia que los relatos prestan a la comunicación del enfoque Sin Lágrimas de la disciplina.

Queremos reconocernos mutua gratitud el uno hacia el otro. Nuestra pasión común por estas ideas y por compartirlas con el mundo hace que trabajar juntos sea un honor lleno de sentido. Damos las gracias a nuestras familias inmediatas y extensas, que han influido, y siguen influyendo, en quiénes somos y aplauden nuestra labor. Igual que nosotros hemos intervenido en quiénes son nuestros hijos y en qué están convirtiéndose, ellos han intervenido en quiénes somos nosotros como profesionales, y estamos profundamente conmovidos por el sentido y la dicha que nos aportan. Por último, gracias a nuestros cónyuges, Caroline y Scott, que han contribuido de forma directa e indirecta a la creación de este manuscrito. Saben lo que significan para nosotros, y nunca podremos expresar lo importantes que son como compañeros, tanto personales como profesionales.

En la vida, donde mejor se fomenta el aprendizaje es en las relaciones colaborativas. Si hablamos del estilo parental, los principales maestros han sido nuestros hijos —los de Dan tienen veintitantos, los de Tina son adolescentes o preadolescentes—, que nos han enseñado la crucial importancia de la conexión y el conocimiento, la paciencia y la perseverancia.

Gracias a las oportunidades y los desafíos de ser sus padres, sus acciones, reacciones, palabras y emociones nos han recordado que la disciplina tiene que ver con la enseñanza, con el aprendizaje, con descubrir lecciones en las experiencias cotidianas al margen de lo triviales o exasperantes que resulten. Este aprendizaje es para los hijos y los padres por igual. Y tratar de crear la estructura necesaria en su vida en desarrollo mientras les educamos de una manera tranquila, estable, «sin mucho drama», no siempre ha sido fácil (de hecho, es probablemente una de las tareas más difíciles que deberemos afrontar jamás). Por estas razones, damos las gracias a nuestros hijos y nuestras parejas por acompañarnos en este viaje, por las eficaces maneras con las que nos han enseñado acerca de la disciplina como método de aprendizaje y de enseñanza, además de convertir la vida en una aventura educativa y la celebración de un descubrimiento. ¡Esperamos que este libro suponga una invitación a reimaginar la disciplina como una oportunidad de aprendizaje para que vosotros y vuestros hijos progreséis y disfrutéis unos de otros durante toda vuestra vida!

DAN Y TINA

Índice